ANTI-INVOLUTION

反内卷

如何对抗集体焦虑与非理性竞争

黄徽 —————— 著

ZHEJIANG UNIVERSITY PRESS
浙江大学出版社

图书在版编目（CIP）数据

反内卷：如何对抗集体焦虑与非理性竞争/黄徽著. —杭州：浙江大学出版社，2021.10（2022.2 重印）
ISBN 978-7-308-21664-7

Ⅰ. ①反… Ⅱ. ①黄… Ⅲ. ①社会竞争—研究 Ⅳ. ①C916

中国版本图书馆CIP数据核字(2021)第163710号

反内卷：如何对抗集体焦虑与非理性竞争
黄 徽 著

策　　划　杭州蓝狮子文化创意股份有限公司
责任编辑　张一弛
责任校对　顾　翔
出版发行　浙江大学出版社
（杭州天目山路148号　邮政编码：310007）
（网址：http://www.zjupress.com）
排　　版　杭州林智广告有限公司
印　　刷　杭州钱江彩色印务有限公司
开　　本　889mm×1194mm　1/32
印　　张　7
字　　数　110千
版 印 次　2021年10月第1版　2022年2月第2次印刷
书　　号　ISBN 978-7-308-21664-7
定　　价　52.00元

序

“内卷”是当下社会的一个热词，也是这个时代的一个缩影。人们普遍认为内卷是负面的，并在表达中广泛地使用这个词，但是关于如何“反内卷”却罕有讨论。

本书试图分析内卷背后的一些深层动因，抛砖引玉地提出一些反内卷的思路。爱因斯坦说：你无法在制造问题的同一思维层次上解决这个问题。内卷是一个深刻的社会现象，反内卷需要更深刻的变革。书中的有些观点距离付诸实践还有比较远的距离，但相信也不是无稽之谈。希望这本书能给大家带来一些启发吧。

是为序。

黄　徽

2021 年春于上海

目录

内　卷

ANTI-INVOLUTION

ANTI-INVOLUTION

ANTI-INVOLUTION

01

ANTI-INVOLUTION

ANTI-INVOLUTION

众说纷纭的内卷

“内卷”这个词近年来突然火了。内卷从字义上来理解就是反向进化，向内演化，虽然有迭代，但其实没有更新。

在当下的中文网络中，内卷有了更多的引申意义。有些人说：内卷化就是无法进行质变的量变。虽然感觉自己已经为学习、工作或其他生活目标付出了努力，但却一直没有感觉到明显的、积极的、鼓舞人心的变化。人们把这种持续的付出视为内卷，也有些人宽泛地把所有无实质意义的消耗都称为内卷。

有些人则强调内卷是在存量一定、缺乏增量的前提下的竞争。此时让人难以忍受的过度竞争导致人们进入了互相倾轧、内耗的状态。一个经常被网友们列举的典型的内卷现象是升学考试，录取的名额有限，家长又都希望孩子上好的学校，大家只好没日没夜地备考，形成恶性竞争。程序员的“加班文化”也被很多人称为内卷。有一天某个企业突然开始提倡所谓的加班文化，在之后一段时间里，这个企业在行业竞争中赢得了暂时的优势。而行业中的其他企业为了在竞争中生存下来，也开始要求加班。于是，加班逐渐成了行业内的普遍现象。

内卷这个词如此流行，以至于现在只要看起来是让人难受的竞争，就可能被称为内卷。

不仅是存量竞争，人类学家项飙在访谈中讲到，内卷背后的竞争是一种不允许失败和退出的竞争。项飙说：“现在内卷的一个很重要的机制，就是没有退出的机制，不允许你退出。刚才讲到那位同学要去麦当劳工作，面试官第一句话就是‘你父母怎么想’。你要往下走，要退出竞争，过自己的生活，你面对的道德压力是非常大的。……所以，成功者要求失败者一定要承认自己是失败的。你不仅是在钱上少一点，物质生活上差一点，而且你一定要在道德上低头，一定要去承认你是没有什么用的，是失败的。如果你不承认自己失败，而是悄然走开退出竞争，这是不被允许的，会遭受很多的指责。”[1]

*

让我们回头来看看内卷这个词在社会学上最初的意思。一般认为，最早把内卷这个词引入中文世界的是历史社会学家黄宗智。黄宗智在《华北的小农经济与社会变迁》中写道：“使用雇佣劳力的大农场和依赖家庭劳力的家庭农场，对人口压力会做出不同的反应。大农场得以就农场的需要变化而多雇或解雇劳力。家庭式农场则不具备相似的弹性。从相对劳力而言，面积太小的家庭农场，无法解雇多余的劳力；面对剩余劳力的存在和劳力的不能充分使用而无能为力。在生计的压力下，这类农场在单位面积上投入的劳力，远比使用雇佣劳力的大农场为多。……克利福德·吉尔茨给爪哇水稻农作中这种集约化到边际报酬收缩的现象，冠以一个特别的名称：‘农业内卷化’。”黄教授在分析小农的精耕细作时指出：“内卷的要旨在于单位土地上劳动投入的高度密集和单位劳动的边际报酬减少。”[2]

请注意黄宗智讲到的内卷的一些特征。内卷的主语是小农，一般被认为是缺乏格局、缺乏资源、缺少选择机会的。小农和大农场相比起来，缺乏资源，缺乏管理，因此面对外部需求环境的变化时，他们缺少选择，缺乏弹性。这导致这些缺少其他可能性的小农只能把剩余劳力继续投入到农场中去。虽然从利润最大化的角度来看，边际收益已经收缩得非常厉害了，但是从效用的角度看，这样的抉择依然是理性的。

历史学家杜赞奇在《文化、权力与国家：1900—1942年的华北农村》中也写道：“从克利福德·吉尔茨那里借用了内卷化这一概念，他最早是用此概念来研究爪哇的水稻农业的。根据吉尔茨的定义，内卷化是指一种社会或文化模式在某一发展阶段达到一种确定的形式后，便停滞不前或无法转化为另一种高级模式的现象。在殖民地和后殖民地时代的爪哇，农业生产长期以来原地不动，未曾发展，只是不断地重复简单再生产。尽管这种生产并未导致人均收入的急剧降低，但它阻止了经济的发展，即人均产值并未提高。”[3] 杜赞奇把内卷的概念运用到行政和政治上，他解释清朝末年的新政要加强国家的控制，所以建立了各种各样的官僚机构。国家投入了很多钱建立官僚机构，但是国家基层的行政能力并没有增强，对地方社会的服务没有优化。

杜赞奇说的内卷是指在这样的政权结构设计下，虽然不断地投入资金，但实际上，投入越多，局面却越失控。他写道：“国家政权内卷化在财政方面的最充分表现是，国家财政每增加一分，都伴随着非正式机构收入的增加，而国家对这些机构缺乏控制力。换句话说，内卷化的国家政权没有能力通过建立有效的官僚机构来取缔非正式机构的贪污腐败。”[4]

内卷并不是吉尔茨发明的。吉尔茨写道：“我这里所用的内卷化的概念，来自美国人类学家戈登·威泽。他用这个概念来描述一类文化模式，即当达到了某种最终的形态以后，既没有办法稳定下来，也没有办法使自己转变到新的形态，取而代之的是不断地在内部变得更加复杂。”[5] 威泽所举的一个例子是后期的哥特式艺术，“艺术的基本形态达到极限，结构特征得到了固定，创造的源泉枯竭了。但是，艺术仍然在发展，在所有边缘被固定的情况下，发展表现为内部的精细化”[6]。

*

在这本书里，我想讨论的内卷更多的是今天的社会话语中的内卷，和威泽最初所指的文化意义上的内卷大不相同。项飙有一个形象的比喻：“如果说原来的内卷指的是一个重复的、没有竞争的、不能摆脱农耕社会的结构性格局，那么今天的内卷就是一个陀螺式的死循环，我们要不断抽打自己，让自己就这么空转，每天不断地动员自己。因此它是一个高度动态的陷阱，非常耗能。”[7]

今天的内卷是一个陀螺式的死循环，我们要不断抽打自己，让自己就这么空转，每天不断地动员自己。

内卷与特化

内卷的英文是involution，与evolution（演化、进化）相对应。involution的词根是volv/volut，意思是旋转，同样词根的英文单词还有evolution、revolution（革命）。evolution的前缀e是向外的意思，所以演化是向外旋转、向外生长，有点斐波那契数列螺旋式上升的感觉。

内卷的前缀in是向内的意思，内卷从字义上来理解就是反向进化，向内演化，虽然有迭代，但其实没有更新。

*

说起内卷，有些人会举出囚徒困境、剧场效应等例子。

囚徒困境大家都很熟悉了，是指即使在合作对双方都有利时，保持合作也是困难的。知乎上有一个关于内卷的高赞答案里提及剧场效应，并举例说，很多人在一个剧场里面看表演，开始的时候大家都坐在自己的位置上，很安静地看表演。这个时候，大家都能很清楚地看到表演的画面，现场体验也很好。然后，渐渐有人为了视野更加开阔，站起来看了，周围的人一看：别人站起来了，我也站起来吧。可是，前排的人站着能够看到表演，后排的有些人站起来也看不见，怎么办？那就站到座位上去吧。这么一来就更乱了，更多的人站起来，或者站到座位上面。这个时候，观看的体验就很不好了。

这虽然是对剧场效应概念的误用，但已然能说明问题。只是这样的比喻还是有点问题的——如果你今天在电影院里站起来看，后面的人会呵斥你坐下去，而不是他自己跟着站起来。电影院里坐着看本来就挺舒服，谁愿意站起来呢？

*

当人们说加班文化是一种内卷，并不只是因为工作时间太长了。斯蒂芬·茨威格在《人类群星闪耀时》中写道：音乐家亨德尔把自己囚禁在工作室里，三个星期不眠不休地创作出让世人惊叹的《弥赛亚》。亨德尔超乎寻常的“加班”显然不是内卷。它是信仰，是力量，是拯救，是复活，是英雄主义，是无所畏惧，是生命力的星光璀璨。[8]

内卷的加班是不一样的。这时加班的时长作为一个指标本身成了目的，而作为内在本质的工作变得不重要了。不像亨德尔为了工作本身而加班，“摸鱼”混加班时长只是为了加班而加班，是为了把加班时长这个外部性的指标给做大，作秀给别人看。这里的“别人”是第三方的评判者，其中最主要的是处在权威位置的领导。

在我们思考内卷的过程中，往往忽视了它总是有一个外因的，而且这个外因经常是一个由第三方权威设定的可量化的外部评价指标。就像陀螺之所以旋转是因为被外部的鞭子抽或被手捻，内卷是被某个外部的评价指标所驱动的。在升学考试的例子中，外部评价指标是考分；在程序员加班文化的例子中，对于程序员本人来说是加班时长或者KPI，对于公司来说是利润或者市场占有率。在黄宗智的例子中是小农获得的报酬，在杜赞奇的例子中是官僚机构的数量。然而外部指标并不能够完全合理地描述内在价值——考分不代表真正的知识；工作时长和KPI不代表工作真正的价值；清末官僚机构的数量增多，政权的实际控制力却在下降。

*

当人们把这些和内在价值脱节了的外部指标作为目的时，往往会发生“特化”。吴伯凡曾经解释说：“特化是生物学的概念，它是一种从一般到特殊的生物进化方式。它指的是物种适应于某一独特的生活环境，形成局部器官过于发达的一种特异适应。当一个物种进入一个环境，在演化过程中，会经过一系列考核，在自然选择过程中，一种性状会凸显，另一种会逐渐弱化。物种产生特化，也是为了适应某些独特的生活环境。但是，一旦环境发生改变，物种之前为了适应某种独特生活环境而产生的特化，反而会导致其在新环境里的适应能力变差。从这个意义上讲，这种特化也是一种能力的简化和退化。与特化相关的另一个概念，就是退化。在生物的进化过程中，一个器官的进化，往往意味着其他器官的退化。比如鼹鼠，它靠在地底下刨土找蚯蚓吃来生存，长时间之后，它的视力好或坏不影响它的生存。于是，它的视力就逐渐退化，退化到一见到光，整个神经系统就紊乱，半小时内就会死掉。比如，高考的英语考试，更多考的是关于英语的知识，而不是如何来使用英语。因为考核的是关于英语的知识，所以大家一直强化考试做题这个属性，但是，真正英语要使用的听说读写的能力，没有掌握。”[9]

现在的考试制度下会产生网络语言里所说的“小镇做题家”。“小镇做题家”指一些出身小城镇，埋头苦读，擅长应试，但缺乏一定视野和资源的青年学子。他们在中学阶段依附于“题海战术”取得优异学习成绩的过程正是特化。另一个网络词组“摸鱼式加班”，领导不走，我也不走，以加班为目的来刷自己的存在感，是一种表演，也是一种特化。

常常被忽视的是，特化是双向的。不仅是做题家在特化，命题者也在特化。当考点局限在某个狭窄的范围内，当命题规则和历史真题已经被考生所熟悉，作为出题人，想出一份可以拉开区别的考卷，其实是越来越难的事情。于是不仅是考生在特化，考官也在特化。不仅考生在内卷，考官也在内卷。科举制度发展到八股文，就是内卷、向内演化的产物。

*

有些人把内卷的问题归因于竞争或者过度竞争，其实是不对的，至少是很不全面的。问题不在于竞争，而在于被迫按照权力结构所设定好的某个外部性指标去竞争。随着时间的推移，这个外部性指标和它所要考量的内在本质之间会越来越错配，因为人们为了这个指标把自己特化了。特化是指在某方面进化和在另一方面退化，而外部性指标所考量的本来就只是人们为之进化的一面，完全忽略了人们为之退化的一面。由此选拔出来的人其实在其他方面是退化了的，是在新环境下更难适应的。比方说，一般认为，“小镇做题家”或者应试导向的“超级中学”的毕业生们虽然在做题方面很强，但是会在其他方面出现不同程度的退化，在之后的学习和工作环境中可能会更难适应。

基于外部评判指标的竞争是权力结构设好的局，是权力对人们的规训。它有时是被顶层设计的，有时是随着历史演进而来的，但总是和社会文化权力结构相对应。人们陷在社会文化权力结构设定的局中，没有办法退出，没有其他选择，只能继续地去为了这个已经错配了的外部性指标不停地奋斗、旋转，甚至是缺乏意义的空转。

反内卷，就是破局

内卷是一个局，是社会文化权力结构设好的规训的局。

当陷在这个局里的时候，人就像旋转的陀螺一样，一直在投入，一直在付出，一直在努力，一直在消耗，但是却没有收获到明显的、积极的、实质的升级和进步。而陀螺的旋转就像某口香糖的广告词一样，“根本停不下来”。

*

反内卷是要破局。

怎么破呢？

首先，我们为什么要因为某个外部评判指标去不停息地奋斗，以至于耗尽自己呢？这其实是一个人生视角的问题，我将在第二章中讲到。

其次，外部评判指标和内在本质错配越严重，内卷带来的负面效果就越大。外部评判指标从何而来呢？源于规训。第三章将讨论反规训。

再次，为什么人们会深陷在局中，不能自拔呢？他们或者是缺乏资源，或者是缺乏机会。第四章我们将讨论有哪些基本的设计可以让资源和机会更均等。

最后，内卷是社会文化权力结构造成的。第五章将讨论如何借助于深度神经网络的启示来改善这个结构，这也许是更根本的解决办法。

爱因斯坦说：你无法在制造问题的同一思维层次上解决这个问题。内卷是一个深刻的社会现象，反内卷需要更深刻的变革。书中有些内容看似和内卷关系不大，但是请细细品味。

希望这本书可以抛砖引玉，激发大家更多的思考。

视 角

02

ANTI-INVOLUTION

ANTI-INVOLUTION

ANTI-INVOLUTION

ANTI-INVOLUTION

ANTI-INVOLUTION

看待生活的两种视角

为什么内卷的人们会被外部指标所牵引和驱动呢？因为他们是从视角 1 看生活和世界的。

管理学家詹姆斯·马奇提出，关于生活可以有两个不同的视角。他写道："说到这里，我就要提到一个视角，这个视角认为，'生活可以看作一系列选择'，这个观点——很多现代行动理论的观点——是有问题的。在这个观点之外，还有另一个观点可选。这个替代观点在文学理论中表达得很充分，但是不为选择理论所熟悉，它就是'与其说生活是在做选择，不如说生活是形成解释'。这个视角认为，结果不如过程重要——不仅在行动上，而且在道德上，过程赋予生命意义，意义是生命的核心。”[10]

这是理解人生和世界的两种基本视角。视角 1 把生活看作一系列选择，视角 2 认为生活是在形成解释。它们没有孰是孰非，就好像物理学中的波粒二象性——对于光的本性既可以用粒子的视角来看，也可以用波的视角来看。参考丹尼尔·卡尼曼在《思考，快与慢》中关于人类认知的系统 1 和系统 2 的命名法，我以视角 1 和视角 2 来命名这两种关于人生和世界的视角。[11]

*

视角 1 看到的人生是一个待优化的目标函数，而视角 2 看到的人生是待书写的篇章。视角 2 认为：我的人生在此处，但是我活着的意义需要通过我的人生过程来阐释；我活着是一个事实，我通过如何活着来给这个事实赋予意义。人生在初始没有一个确定的意义；在人生的终点，人一生的意义正是人一生的所思所为的总和。法国作家司汤达的墓志铭只有一句话：“活过，写过，爱过。”短短的几个字足以概括他的人生意义。

当我们仅从粒子的角度来理解光，就难以解释光的衍射现象。类似地，当我们仅从视角1来看待人生，整天想着如何像优化数学函数一样去最大化自己的成功，就很难理解毛姆笔下《月亮与六便士》中那位原型是高更的画家为什么要辞去证券交易员的工作，离开繁华的巴黎，远迁大溪地。而如果从视角2来看，每个人都有权做出他对自己生活的解释。

人们常说：有一千个读者，就有一千个哈姆雷特。有一千个人，就可以有一千种人生。阿德勒在《自卑与超越》中写道："每个人都表现得好像他们能够依恃某种对生命确定无疑的阐释。不言而喻，人们的一举一动中都蕴含着对于世界和自身的总结，一个'我就是这样，世界就是这样'的论断，一种赋予自身的意义、解释生命的意义。有多少人类，就有多少意义。"[12]

《传习录》中有一段王阳明的经典对话："先生游南镇，一友人指岩中花树问曰：'天下无心外之物，如此花树，在深山中自开自落，于我心亦何相关？'先生曰：'你未看此花时，此花与汝心同归于寂；你来看此花时，则此花颜色一时明白起来，便知此花不在你的心外。”[13] 当你没来解释你的生活的时候，你生活中的万千事物，包括你的心都同归于寂；而当你来解释你的生活的时候，你的生活一下子全都有了色彩和意义。

人生有一个本体，你对这个本体做出的解释是你的“知”；而你做解释的过程便是你的人生，也就是“行”。所以王阳明说：“就如称某人知孝，某人知弟，必是其人已曾行孝行弟，方可称他知孝知弟，不成只是晓得说些孝弟的话，便可称为知孝弟。又如知痛，必已自痛了方知痛；知寒，必已自寒了；知饥，必已自饥了。知行如何分得开？此便是知行的本体，不曾有私意隔断的。圣人教人必要是如此，方可谓之知。不然只是不曾知。”[14] 善事父母为孝，善事兄长为弟（悌）。只有当你把自己的人生通过做到了孝弟而解释了孝弟，你的人生才算是孝弟。是所谓“知行合一”。

*

视角 1 和视角 2 不仅是关于人生的态度，其实也代表了两种主要的看世界的视角。视角 1 的思路是要优化目标函数，是理科思维；视角 2 的思路是要书写篇章，是文科思维。视角 1 相信理性和选择，更偏经济学；视角 2 注重文本和解释，更偏社会学、人类学。

视角 1 更西方，视角 2 更东方。视角 1 更关注因果推演，视角 2 更多运用归类和比喻。视角 1 把世界理解为一个个待求解的最优化模型，目标函数是要最大化某个可以量化的指标；视角 2 往往更多地归纳、分类，通过模式识别和相似性来理解世界。西医的药物动力学是视角 1，中医的辨证论治是视角 2。

视角 1 更相信确定性的因果关系，像牛顿力学研究运动定律；视角 2 更相信不确定的世界是在不断演化的，像《黄帝内经》解释阴阳应象。视角 1 倾向于把世界看成一个可知的动力系统，希望把它公理化。一个典型的例子是在一百多年前，经济学家欧文·费雪用泵、齿轮、滑轮等构建了一台精巧的机器来试图描述自己的价格理论。视角 2 则倾向于认为“吾生也有涯，而知也无涯”。

视角 1 更强调动机，注重对人的外部激励，“胡萝卜加大棒”。弗雷德里克·温斯洛·泰勒的科学管理法是一个典型的例子。视角 2 则更赞同“何期自性，本自具足”，注重修身和内省。在心理学家中，弗洛伊德偏视角 1，荣格更偏视角 2。视角 1 倾向于把世界当作无机物来看待；视角 2 把世界当作有机物来看待。视角 1 是偏功利主义的，视角 2 是偏自由主义的。

C.P. 斯诺在《两种文化》中写过这两种文化的分裂：“我相信这个西方社会的智力生活已经日益分裂为两个极端的集团。一极是文学知识分子，另一极是科学家，特别是最有代表性的物理学家。二者之间存在着互不理解的鸿沟——有时（特别是在年轻人中间）还互相憎恨和厌恶，当然大多数是由于缺乏了解。他们都荒谬地歪曲了对方的形象。他们对待问题的态度全然不同，甚至在感情方面也难以找到很多共同的基础。”[15] 斯诺描绘的科学家大都选择视角 1，而文学知识分子主要选择视角 2。现在网上的许多论争，比如关于转基因的论争等，论战双方之间存在着彼此无法理解的鸿沟，都是因为没有办法站在对方的视角去看问题。其实这些论争大多可以从视角 1 和视角 2 来理解。

请注意，视角 1 和视角 2 不是泾渭分明的。毕竟它们只是看同一个世界的不同视角，不是在看两个世界。当一个人可以从两个视角看世界，就好像配置了双摄像头的手机一样，他看到的世界有更丰富的图像细节。约翰·斯图尔特·密尔既是功利主义者也是自由主义者，既从视角 1 也从视角 2 看世界。其他配置了双摄像头的思想家还有比如伯特兰·罗素。

强调最大化经济利益的资本主义显然是视角 1，物理学也是从视角 1 看世界。近五百年来随着资本主义占据历史舞台和物理学取得巨大成功，视角 1 成了认识世界的主流。过去百年中在各学科里都可以看到视角 1 占据越来越重要的主导性的地位，比如在经济学和金融学里，现在很少有论文是没有用到许多数学公式的了。

从两个视角看世界，就像配置了双摄像头的手机，看到的世界可以有更丰富的图像细节。

内卷是视角 1 的产物

很多人都会被一个问题困扰：人活着的意义是什么？我在此从视角 2 角度给出的答案是：

生活就是解释生活。

*

在英语中，life这个词既有生活的意思，也有生命、人生的意思。这样的跨语言的多义是很有意思的现象，反映了不同文化对事物的认知的颗粒度的差异。如果一个文化中两个不同的词所指向的意义，在另一个文化中用同一个词指代，那么显然前者更关注两者间的差异，而后者更关注其共性。

比如，在英文中，fortune既是财富也是命运，于是美国文化中常常主要从一生积累的财富这单一维度来理解命运；而在汉语的语境中，命运包括了死生荣辱、功名富贵、封妻荫子等。在英文中，happiness既是幸福，也是高兴、快乐，于是有些美国人常常把幸福和多巴胺分泌的快乐关联起来，这样就难以理解佛教中所说的“诸漏皆苦”。

我在这里想说的其实是life，既有生活的意思，也有人生的意思。上面的那句话也可以改写为：

生活就是解释人生。

生活就是解释人生的意义。

生活形成对人生的意义的解释。

*

内卷显然是只从视角1看世界的产物。

当我们把生活想成一个待优化的目标函数，在社会权力结构的规训和影响下，我们会把权力结构预设的外部评判指标当成是生活必须要去最大化的函数。在资本主义社会里，这个指标是财富；在学校里，这个指标是成绩。

这些指标是外在的，不是内生在人生和生活里的。而且这些指标是整齐划一的，不是为人量身定制的。于是随着时间的推移，随着个体的差异，外部性指标和内在本质之间必然发生错配。

从众心理和权力场都如此强大，把人们陷在局中，无法逃脱。视角 1 的人们被外部指标牵引、驱使，在指标和本质错配的时候便几乎不可避免地陷入了内卷。

如果我们辅以视角 2 来看待生活和世界，那么每天早上起来拉开窗帘，迎接的都是新的人生，是待书写的新的人生篇章。小说有八百万种写法，每个人都可以恣意书写自己的人生。

在拥有视角 2 的生活里，不再有把人像陀螺一样抽打的鞭子。每个人可以自行其是地生活，而且自豪地说：看——我就是这样解释人生的，这就是我的人生。

在拥有视角 2 的世界里，人们不再内卷，每个人的人生都在向外绽放。

教育与视角

教育进一步加剧了向视角 1 的偏斜。我在《了不起的学习者》中写道：教育的一个主要功能是迷因进化中的选择操作，因为在教育的过程中，人们主动选择了把哪些迷因传给下一代。“迷因”的概念源自理查德·道金斯的名著《自私的基因》。迷因可以被看作是在传播的过程中从一个大脑转到另一个大脑的文化概念，比如上帝的概念就可以被看作一个迷因。

当代的教育大都是基于视角 1 的。我们小时候的数学应用题总是给出一个明确定义的情境，然后对一个无疑义的目标求解；甚至语文课上的阅读理解对于如何解读一篇文章、提炼中心思想也都是有标准答案的。这不仅是在中国，在全世界都是普遍的现象。

C.P.斯诺写道："打开这个局面的出路只有一条：重新考虑我们的教育。"[16]玛莎·努斯鲍姆也在《告别功利：人文教育忧思录》中哀叹全球性的教育危机："人文学科和艺术教育正在被砍掉，中小学是如此，学院和综合大学也是如此，事实上，世界各国无不如此。决策者们认为，人文学科和艺术都是无用的装饰，一个国家若想保持在全球市场中的竞争力，就必须砍掉一切无用之物。因此，人文学科和艺术很快失去了在学校课程中的位置，也失去了在家长与儿童头脑和心中的位置。其实，各国一旦选择追求短期利益，培养完全适用于赢利的有用技能，我们所说的科学和社会科学涉及人文的方面——它们关系到想象力和创造力，关系到严谨的批判性思维——便失去了存在的基础。"[17]她所哀叹的其实正是全世界的教育都在重视视角 1 而忽视了视角 2。在过去的百年中，视角 2 逐渐失去了在家长和儿童心中的位置。

我比努斯鲍姆更乐观。我相信，视角 1 和视角 2 作为两种不可或缺的基本视角，在人类教育和思维方式中的比重将随着迷因的自然选择重新找到再平衡。在“后疫情”时代，随着全球化、城镇化的历史进程可能停止或者反复，经济全球化的功利心会减弱，更多的人会回归田园生活，我们很可能会看到视角 2 的回归。

身份感

对于仅用视角 1 看世界的人们来说，外部性指标就像北极星一样指引着他们的生活。那么选择不依赖外部性指标的视角 2 的朋友们该怎么办呢?

我的答案是，凭着内心的身份感。

我这里说的身份对应的英文是identity，不是另一个表示身份的单词status。status强调的是地位，而identity除了身份，另一个意思是认同。我想说的身份感同时也是一种认同感。身份是双重的期望，既包括个人对自我的期望，也包括社会对个人的期望。身份一方面是自我选择的，另一方面也是在社会中由于对他人的义务、承诺而产生的。[18]

詹姆斯·马奇讨论过这两方面的身份:“在美国的许多文化中,对身份的定义从根本上说是一项个体化的任务。个体是独立的,独一无二的,个体由他们的各种复杂行为和他们扮演的各种不同角色所定义。……另一种观点认为,身份是在进入社会所定义的关系和角色的社会化过程中产生的。通过学习,个体知道作为适当的会计或士兵应该有什么样的行为。”[19]

当人们做决策的时候,也会有相似的来自这两种思路的方式,分别是推论逻辑(或者称为后果的逻辑)和身份的逻辑(或者称为适应性逻辑、适当性逻辑)。前者推导的是后果,如何最大化效用;后者考虑的是在这样的情境下自己认同什么身份,根据认同的身份应该遵循什么样的规则。《身份经济学》一书指出,现在的主流经济学假设“都忽略了一个事实,即人们关注什么,以及关注的程度是以其身份为基础的”。[20]

马奇写道:“个体和组织实现自己的身份时会遵循一定的

规则或程序，这些规则或程序要适合他们认同自我身份的情境。在考虑这些规则和程序的时候，他们既不考虑偏好，也不考虑对未来结果的期望。适当性逻辑是规则遵循的基础。决策者在进行决策时，必须考虑（明确地或含蓄地）以下三个问题：

识别问题：处于什么样的决策情境？

身份问题：我是什么样的人？或者这个组织是什么样的组织？

规则问题：像我或像这个组织一样的人或组织，在这样的情境下会如何行动？

这一过程并不是随机的、武断的或者无足轻重的，它是一个系统的、经过推理的并且通常都非常复杂的过程。在这些方面，适当性逻辑可以与推论逻辑相媲美。但是，以规则为基础的决策过程与理性决策过程不同，以规则为基础的决策过程是一个确定身份，并使规则与已识别的情境相符合的过程。”[21]

马奇指出："理性、预期、计算、结果主义行动的理论低估了另外一种决策逻辑的普遍性和明智性，这一决策逻辑就是关于适当、责任、义务和规则的逻辑。我们观察到的决策行为，很多都反映了人们有一种力求实现身份的习惯做法。例如，大多数时候，组织中的大多数人会遵循规则，即使这样做对他们没有明显的好处。组织中的很多行为是由与身份概念有关的标准操作流程、职业标准、文化规范和制度结构详细规定的。"[22] 显然，他所说的两种决策逻辑分别契合视角1和视角2。

适当性逻辑的决策是契合视角2的，正如马奇写道："决策结果对于理解决策制定来说往往并没我们想象的那样重要。个体和组织就行动与结果的关系、身份与行为的关系书写历史、建构社会可以接受的故事情节。……决策制定与意义建构有着十分密切的关系。偏好、身份、规则、情境和期望的形成都涉及从混乱的世界当中建构出意义。结果，研究决策制定很大程度上就是研究个体和组织怎样理解自己的过去、本质和未来。同时，决策制定也会影响所涉及的意义建构。"[23] 选择视角2的人们并不那么考虑结果，而是根据自己的身份认同，书写自己的历史，建构自己的意义。

适当性逻辑的一个好处是它更适用于非常时期，也就是当一个人身在雨林中，无法依赖北极星的时候。当他面对不确定的不确定时，没有办法合理地推导和估量后果，这时候推论逻辑就派不上用场了。此时他可以做的是思考自己应该认同怎样的身份，遵循怎样的适当性逻辑。马奇指出："众所周知，规则和标准操作流程在常规情境下是十分有用的，可是它们的重要性又不局限于常规情境。在界定不良的情境下，决策者的行为也往往更多地遵循身份驱动的适当逻辑而不是有意识的成本收益分析。个体解决模糊问题时遵循启发法，在新异情境下追求身份实现。决策之所以具有不确定性，更多的是因为适当逻辑的要求不明确，而不是因为行动的结果或者决策者的偏好不明确。"[24]

资本主义精神的新教伦理是作为一个在预定论下被选召的基督徒的适当性逻辑。韦伯在《新教伦理与资本主义精神》中写道："整个世界存在的目的就是为了上帝的荣耀而服务，并且这是唯一的目的。被选召的基督徒在这世上唯一的任务就是尽自己最大的能力去履行上帝的戒律，从而增添上帝的荣耀。与这一目的相一致的是，上帝还要求基督徒们取得社会成就，因为上帝是根据他的戒律来支配社会生活的。”[25]

武士道则是日本的武士阶层的适当性逻辑。新渡户稻造的《武士道》中写道：“Bu-shi-do，即武士道，在字面上指武士在日常生活和职业上须遵守的规范。用一句话概括，就是‘武士的戒律’，即与武士阶层身份相匹配的义务……如上所述，武士道是武士应遵守的道德准则，它并非成文法典，充其量只是一些口口相传或经名士学者之笔流传下来的格言。在更多情况下，武士道是无字无言的准则，一部铭刻在内心深处的强大律法。”[26]

而儒家的名分大义是传统中国人的适当性逻辑。辜鸿铭在《中国人的精神》中写道：“孔子为之找到了怎样的新依据呢？那就是——名分大义。去年我在日本时，前文部大臣菊池男爵请我翻译《春秋》中的四个汉字——名分大义，我将之译为‘有关名誉与职责的根本原则’。中国人正是以此将儒家与其他所有宗教区别开来的。”[27]

在欧洲，遵循适当性逻辑的一个代表人物是堂吉诃德。马奇最喜欢的例子就是堂吉诃德，他在不同的书中都写过："身份是对自我的概念。为了使行动与情境相符合，自我的概念被融入规则中。当堂吉诃德说'我知道我是谁'时，他所说的是围绕'游侠骑士'身份的自我。"[28]"堂吉诃德提供了另一种行动基础——适当性逻辑，即他的自我意识和他的身份以及与之有关的义务。……他用一种身份的逻辑取代了现实的逻辑：'我是一个骑士，如果上帝允许的话，我做一个骑士至死无悔。'"当有了游侠骑士的身份，堂吉诃德便知道在人生的奇异冒险中该如何根据适当性逻辑去行动。[29]

在当代的中国，雷锋是遵循适当性逻辑的，《喜剧之王》中说"其实我是一个演员"的周星驰也是。很多时候，如果仅仅计较利害关系是弄不清下一步该怎么做的；而如果像雷锋一样只去想"我是一名共产党员"，或者像周星驰一样去想"其实我是一个演员"，一个合格的党员或者演员在其所处的情境下该怎么做往往是一目了然的。

*

现在人们常说，生活需要仪式感。其实仪式感是为了唤起身份感。情人节的鲜花唤起情人的身份，结婚纪念日的红酒唤起夫妻的身份。类似地，统一的工作制服、术语、称呼、地点环境等都可以被用来唤起身份感。儒家那么重视礼，依我看来就是要通过仪式感唤起身份感。

《论语》中写道："颜渊问仁。子曰：'克己复礼为仁。一日克己复礼，天下归仁焉。为仁由己，而由人乎哉？'颜渊曰：'请问其目？'子曰：'非礼勿视，非礼勿听，非礼勿言，非礼勿动。'颜渊曰：'回虽不敏，请事斯语矣。'"[30]南怀瑾在他的《论语别裁》里说："这一段对仁的研究，是孔子思想的中心。"[31]

孔子最得意的学生颜回来问孔子，他最重要的概念"仁"是什么。孔子说：克己复礼为仁。只要有一天做到克己复礼，全世界都归到仁的境界里了。这个时候仁就在你自己的身心上，不靠外来。"克己"比较好理解，南怀瑾解释说："以现代话来讲，'心灵的净化'就是'克己'。"[32]那什么是"复礼"呢？有些人解释为恢复到古代的礼仪、仪式、规矩。我认为孔子在此说的“礼”不仅是仪式感，更重要的是身份感。知道自己的身份，也就是知道哪些事情是这个身份不该做的。颜回接着请教具体怎么做的时候，孔子说：“非礼勿视，非礼勿听，非礼勿言，非礼勿动。”不该你的身份做的事情就不要做。曾国藩经常用岳飞“文臣不爱钱，武将不惜死”教导部属，也是这个道理。怕死的人还去做什么将军呢？

当身份感和角色相关，这个角色必然只代表了少数人。换句话说，如果是一个普遍的概念，比如全体公民，是唤不起身份感的，因为产生身份感需要有“我”和其他人的对照。如果社会想培养身份感，医生行业的“希波克拉底誓言”会比要求全体公民做到的荣辱价值更有效。马奇曾经指出：“与众不同也是一种社会背景，能够唤起身份。在有他人存在的人群中，唯一一个红头发的人会非常注意头发的颜色，认为头发颜色是一个显著特点。在一群老人中的一两个年轻人可能会注意到他们的年轻。第一阶效应（first order effect）使那些与众不同的人更加清楚地知道自己的身份，第二阶效应（second order effect）使小群体中身份的确认和差异化能够唤起主导群体中的差别程度。”[33]

身份感是一种觉知，有点像在球场上知道自己应该在的位置。我说的还不仅是像篮球场上得分后卫和小前锋的位置的分工，而更是指像巴塞罗那足球队在开展所谓Tiki-Taka战术时，球员在场上根据队友的位置、环境的变化不停地调整自己的位置，制造传球空间。身份感的本质是对自我的觉知，对他人的觉知，对环境的觉知。

有些人以为儒家强调各种角色在社会中的本分，于是君为臣纲、父为子纲是自然秩序。日本德川幕府时期的僵化的士农工商体系便利用儒家术语论证其合理性。[34] 德川的体系中，出身决定了绝大多数人口的地位与功能，后天的阶级之间的社会流动极其困难。我在这里说的身份显然不是这样。身份不是基于先天的出身，而是人基于内心的热爱和认同在后天选择的。当一个人选择了他的职业，他其实是选定了未来最主要做的事，所以他最好要非常认同这件事，而不仅是从中混口饭吃。

《论语与算盘》中讲过一个故事："秀吉在信长麾下的时候

被称作藤吉郎，他的主要任务就是给信长拿草鞋。一到冬天，他就把所有的鞋子抱在怀里，这样信长无论在什么时候穿鞋就都是热乎的了。”[35]当一个人对所从事的事情有了充分的认同感，那么即使他的工作只是给人提鞋，也可以做得像丰臣秀吉一样出彩。

《论语》中还有一段：“子贡曰：‘贫而无谄，富而无骄，何如？’子曰：‘可也。未若贫而乐，富而好礼者也。’”[36]李零在《丧家狗：我读〈论语〉》中注释说：“礼是阔人的规矩，富才能好礼。”[37]我认为李零在此处理解错了。孔子的意思是，越是富贵的人越要有更多的仪式感，唤起更多的身份感，承担更多的责任。这有点像周星驰电影《功夫》里的台词，“能力越大，责任越大”。当然，估计“能力越大，责任越大”这句话不是“星爷”的原创。约翰·刘易斯·加迪斯在《论大战略》一书中说，“能力越大，责任越大”这句话最初可能源自罗斯福总统的演说。[38]

有能力的人责任大，那我们这些凡夫俗子呢？有句话叫“世上没有从天而降的英雄，只有挺身而出的凡人”。我觉得其实连挺身而出都用不着，只需要能做好分内事的凡人。挺身而出感觉好像要挺起胸膛，向前走一步出列。其实不用出列，只要做好分内事，做好和身份相符的事。对于医生来说，分内事是医者仁心；对于教师来说，分内事是诲人不倦。

*

除了个人的身份感，一个民族找到自己的身份感也同样重要。李侃如在《治理中国：从革命到改革》中写道："西方民族主义到 18 世纪以后才发展成一种力量。西方民族主义者以他们的过去为傲，不少人建构出一种对于久远过去的神话，并将自己植根于此。相反，自 19 世纪结束以来，中国知识分子一直在扭曲中国的历史，许多人曾试图以否定过去来建构爱国主义意识。因此在整个 20 世纪中，在作为中国人意味着什么的问题上所造成的紧张，一直在困扰着这个国家的政治。"[39] 不仅是中国，现代的日本在其国家民族的身份感上也一直是迷失的状态。[40]

知道自己是什么人，做好自己的分内事，虽然算不上是挺身而出，但可以算得上是当仁不让。

在未来理想的世界里，每个人都依据内心的身份认同感，当仁不让。这样的世界不会内卷。

我期待这样的世界。

规 训

03

ANTI-INVOLUTION

ANTI-INVOLUTION

ANTI-INVOLUTION

ANTI-INVOLUTION

ANTIINVOLUTION

教育不应该是规训

我在《了不起的学习者》中写道：教育不应该是规训。[41]

许多在当今教育中司空见惯的现象的背后都有深刻的动因。比方说，学校里为什么要给学生们固定教室、座位？为什么要不断地排名次？为什么要准点上课？为什么要编排一系列的教学大纲？

米歇尔·福柯在其名著《规训与惩罚》中指出：这些对教育空间的安排，对成绩排名的重视，主要是作为一种规训的手段，确切地说是创造出一种具有单元性特点的个体。[42] 规训的方法还包括：对于写字姿势的纠正[43]，在教学活动中对于时间表的精细划分，即要求学生们几点几分做某事[44]；学校把学生分年级，设立资格考试，在教学中控制每个人的时间[45]；制定由简到难的系列学习的教学大纲[46]；等等。

权力通过对教育过程中时间、空间、肉体的姿势等的控制来实现规训。这些规训是为了什么呢？一言以蔽之，是为了控制和使用人。控制和使用人是拿破仑等权力者的梦想。福柯写道："这个世界不是拿破仑发现的。但是，我们知道，他打算组织这个世界。他想在自己周围设置一个能够使他洞察国内一切细小事情的权力机制。他想借助于严格的纪律'完全掌握这个庞大的机器，使任何细节都不能逃脱他的注意'。为了控制和使用人，经过古典时代，对细节的仔细观察和对小事的政治敏感同时出现了，与之伴随的是一整套技术，一整套方法、知识、描述、方案和数据。而且，毫无疑问，正是从这些细枝末节中产生了现代人道主义意义上的人。"[47]

试图规训我们的不仅有传统意义上的权力，现在还包括新兴的比如形形色色的互联网平台。有段时间，周杰伦在"夕阳红粉丝"的刷榜行为支持下，在数据上战胜了所谓的流量明星们，以超过1亿的影响力登上了新浪微博“超话”排行榜的首位。《人民日报》一针见血地点评道：虽然成功登榜了，周杰伦和他的粉丝们恰恰是最大的输家。《人民日报》评论员写道：“正如福柯所强调的，权力机制的运作不能仅仅被理解为压制、排斥、否定，而是为了制造出受规训的个人。而周杰伦粉丝愿意遵循和服从平台制定的规则，也就意味着，他们也成为‘被规训’的人。”[48] 在平台的规训下，受着榜单数据的外部指标的牵引，为“爱豆”打榜的江湖也形成了内卷。即使是这些“夕阳红粉丝”们，也卷成了自己曾经不喜欢的样子。

*

规训不是规则。规则一般是历史累积形成的，是为了减少人与人之间的交易、沟通、协作成本的，比如语法规则。而规训是为了让人可以更好地被权力控制和使用。但问题是，这样把人物化了。不把人当人，或者说把人物化，是一切不道德的根源。是把人当人，还是把人当物，应该是道德上最重要的判定。当教育被权力作为一种规训的方法来控制和使用人时，教育就成了物化人的工具。换句话说，当教育成了拿破仑等人用来组织和掌握世界的工具时，教育本身就变得不道德了。

教育不应该和权力的规训糅合在一起。规训所要求培养的纪律是把人物化了的纪律。意大利幼儿教育家玛丽亚·蒙台梭利曾说："只有当孩子成为自己的主人并遵循一些生活规则时，他才能管住自己的行为，我们才认为他是一个守纪律的人。这样的纪律具有灵活性的概念，既不易被理解，又不易被采用。但它包含一个伟大的教育原则，它不同于旧式教育中那种绝对的、不容辩驳的高压政策下的'不许动'的原则。"[49]

我在《治理的逻辑》中写道："我认为更恰当的比喻是绝对权力就好像物理学上的黑洞。黑洞是时空曲率大到光都无法从其事件视界逃脱的天体。它的密度非常非常大，靠近它的物体都被它的引力所约束。根据广义相对论，时空会在引力场作用下扭曲。同样的，人类社会在权力场作用下扭曲。当存在绝对权力这样的黑洞时，社会被权力强烈地扭曲，人性也被强烈地扭曲。这不是烂菜叶子一般的腐败，而是基本的宇宙级别的物理现象，和个人品质完全无关。绝对权力作为一个黑洞般的存在，对社会中的所有人都产生巨大的引力，使得他们不能自由；而且越接近黑洞的时空越扭曲，在那里的人们越不自由。”[50]

教育本来应该让学习在其中自发地涌现。但是当存在着绝对权力的黑洞时，教育被权力控制和扭曲成了一个被权力赋予了目的的规训工具。雅斯贝尔斯说：“人们应警惕最极端的倾向，即控制变成了人对人行为的约束而使教育的爱落空。”[51]

*

现在有个流行词叫“鸡娃”，大意是不停地给孩子“打鸡血”，让孩子去学习，去拼搏。网上曾流传一段视频，合肥某初二年级的女生在半夜3点做完作业后喜极而泣：“我终于写完了！我终于写完了！”[52]这大概就是鸡娃的宣言吧。

我在《了不起的学习者》中写过另一种孩子，可以算是“鸡娃”的反义词。我称之为“没用”的孩子。很多家长都说，希望孩子成为有用的人，但是这句深情的话背后，包含了“用”的诱惑。有些父母会说：如果你变得更有用的话，我就更爱你。孩子理解的言外之意是：如果我没用了，父母就不会爱我了。

真正的深情是无用的，或者说是无条件的爱。这正是科胡特说的“没有敌意的坚决”和“不含诱惑的深情”。科胡特说，一个功能良好的心理结构，最重要的来源是父母的人格，特别是他们以没有敌意的坚决和不含诱惑的深情去回应孩子的驱力需求的能力。如果孩子长期暴露在父母不成熟的、敌意或者诱惑的回应中，将会引起他们强烈的焦虑与过度的刺激，从而导致精神成长的贫乏。[53]

父母要给孩子的最重要的其实是一种对无条件的爱存在的信念。这样孩子在未来无论身处多么艰难困苦的境地，都会秉持有爱的信念。佛教说的“慈悲为怀”或者基督教的“神爱世人”，也都是在宣扬无条件的爱。

有用和无用是辩证的。一方面，只要活着，就是有用的，“天生我材必有用”。惠子对庄子说：有一棵叫樗的大树，树干疙里疙瘩，树枝弯弯扭扭，无用。庄子说：“今子有大树，患其无用，何不树之于无何有之乡，广莫之野？彷徨乎无为其侧，逍遥乎寝卧其下。不夭斤斧，物无害者，无所可用，安所困苦哉！”另一方面，“有用”未必是有用。耶鲁大学的前校长理查德·莱文说：“如果一个学生从耶鲁大学毕业后，居然拥有了某种很专业的知识和技能，这是耶鲁教育最大的失败，而真正的教育重在培养学生‘批判性独立思考’的能力，并为终身学习打下基础。”[54]

还有些父母把孩子的成绩名次作为自己炫耀的资本，是另一种形式的对己有用。有些父母会说，“我们在你身上投资了这么多，等你长大了一定要好好报答我们哦”，也是一种对己有用。还有些父母不提供无条件的爱，甚至要挟孩子说，如果你不怎样我们就断绝亲子关系。陈志武教授从金融的角度抨击了养儿防老的观念[55]，我想说的角度则是，这些林林总总的“有用”的期望会伤害孩子的自驱力，造成心力的贫乏，长此以往将变成累积在孩子身上的业障。

罗素写道：“爱不可能作为一种义务而存在：跟一个孩子说，他应当爱父母和兄弟姐妹，这即便无害也完全无益。希望得到子女爱戴的父母，必须通过自己的言行举止来激发爱意，还必须努力赋予他们的孩子那些能产生丰富情感的身心特性。家长不但绝不能命令孩子来爱他们，而且他们所做的任何事都绝不能以获得这种爱为目的。”[56]

罗素还写道：“如果你告诉孩子，成为有爱心的人是他们的义务，你就有培养出伪善和虚假之人的危险。但如果你使他们幸福而自由，让他们身处友善的氛围之中，你就会发现，他们自然而然地善待所有人，而且几乎所有人都会报之以友好。……没有任何方法可以强迫孩子产生同情或爱心，唯一的途径是，观察这些情感在哪些条件下能自发地出现，而后设法创造这些条件。……爱不能被创造，而只能被解放。”[57]

罗素在这里批评的不是要孩子成为有爱心的人，也不是在说父母不应该教导他们去爱。罗素批评的是这种命令孩子去爱的规训的方式。规训是权力起作用的方式，不是爱起作用的方式。“心理学家荣格曾经说过，权力与爱就是一个天平的两端，权力强的时候，爱就会低头；爱抬头的时候，权力就会慢慢放下。在日常生活中，这句话很容易得到验证。当一个人真正爱另一个人的时候，他是不会对对方施加权力的。如果以爱之名义施以权力，那实际上是一种不健康的爱。”[58]

人从幼年的时候起就开始学习在这个社会中位于天平两端的爱和权力孰轻孰重。如果他们从小生长在权力的规训中，那么等他们长大成人之后，社会自然主要是权力的游戏。如果每个家庭都在规训与惩罚孩子们，那么在社会中权力对于成年人也都是规训与惩罚。如果每个孩子都可以被温柔以待，那么所有的成人也都会被温柔以待。

人们常说，愿你被这个世界温柔以待。“鸡娃”不仅是孩子自己在内卷，也裹挟着“海淀父母”“顺义父母”们，裹挟着整个社会一起内卷。当然，也许是反过来，“海淀父母”“顺义父母”们裹挟着孩子们内卷。

让我们的孩子被温柔以待吧，我们要允许他们做“没用”的孩子。父母们也可以允许自己做“没用”的孩子的父母。

那么，整个世界可以因此少一些内卷，多一些温柔。

绝对权力作为一个黑洞般的存在，对社会中的所有人都产生巨大的引力，使得他们不能自由。

真正地尊重人

很多人都害怕考试。许多人即使在成年以后睡觉时做的噩梦也是和考试有关。考试本来不应该这么可怕。它这么可怕是因为当下的考试没有遵循它本来应该有的意义。

学习的过程中有一个通过重复获取反馈以求改善的步骤，其中的反馈最合适的来源便是考试。当下的考试却被作为一种检验，而且更重要的是作为一种评判。

考试作为一种检验的手段是存在着很多问题的。互联网时代最重要的教育家、可汗学院的创始人萨尔曼·可汗对考试的批评是很中肯的："考试没有检验到的东西都有哪些呢？考试并不能反映出学生学习某一科目的潜力，最多就是能及时反映出学生在某一阶段的学习情况。学生掌握知识的速度有很大差异，理解得最快的学生不一定理解得深入，既然如此，将学生某一阶段的学习情况记录下来又有什么意义呢？考试无法反映出学生学习的效果能保持多久。回忆一下之前学过的关于大脑存储信息的内容，我们知道，大脑为了储存这些知识，需要将对知识的短时记忆转换为长时记忆。有些学生掌握了一种本领，能够将学到的知识、数字以及公式存储在短时记忆中，但只要考试一结束，这些记忆就会立刻消失。在考试之后，学生还会记得多少呢？传统的考试模式无法体现出这一点。考试几乎无法告诉我们学生的思维过程，我们也就无从得知学生为什么会答对或是答错。”

对于学校里的很多课程，作为最重要的考试的期末考试只是一种关于学生是否及格了的评判，而不是给学生提供他对知识掌握情况的具体反馈。期末考试是最后的完结，极少的人会再认真地看自己的期末考试试卷，看哪部分没有完全掌握，再去学习巩固。期末考试几乎只有评判价值，没有反馈价值。很多人也很自然地养成了习惯，只要把期末考试考完，就可以全忘了。

从学习的角度看，考试的正确用途是在学习了知识点之后的小测验。它可以提供必要和及时的反馈，加强对知识的理解，帮助知识的内化。这样的临堂测验可以是经常性的，目标明确，不会给学生施加太大的压力。

给我们压力、让我们产生持久噩梦的是另一种作为评判的考试。可汗写道："考试没有达到其真正的目的，即有效地评估学生的潜力。换句话说，我们所做的只是给孩子贴上标签，将他们分成不同等级，指明了他们未来的方向，限制了他们发展的潜力。"[59]这样的评判模式在各国皆是如此。

*

为什么考试成了一种评判机制，而不是反馈机制呢？这恰是因为教育本身变成了一种规训。当教育是一种规训，考试就是实现控制的一种不形于色的技巧。福柯写得很精彩："在传统中，权力是可见、可展示之物，而且很矛盾的是，它是在调动自己力量的运动中发现自己力量的本原。受权力支配的人只能留在阴影之中。他们只能从被让与的部分权力或者从他的暂时拥有的部分权力的折光中获得光亮。但是，规训权力是通过自己的不可见性来施展的。同时，它却把一种被迫可见原则强加给它的对象。在规训中，这些对象必须是可见的。他们的可见性确保了权力对他们的统治。正是被规训的人经常被看见和能够被随时看见这一事实，使他们总是处于受支配地位。此外，检查是这样一种技术，权力借助于它不是发出表示自己权势的符号，不是把自己的标志强加于对象，而是在一种使对象客体化的机制中控制他们。在这种支配空间中，规训权力主要是通过整理编排对象来显示自己的权势。考试可以说是这种客体化的仪式。”[60]

考试是一种使对象客体化的仪式。考试制度是权力把这些参加考试的人进行整理编排的过程，在这个过程中，权力显示了它自己的权势。每个人随着准考证号被编排成了一个数字，在考试结束的时候被数量化地映射成了一个考分，然后社会基于这个考分来重新整理。从这个意义上讲，高考是全社会最大的一场年度仪式。这种数量化的整理编排的过程，可以说是黄仁宇所言的“数目字管理”，也许确实有效率方面的提升作用，但是它在本质上还是把人物化了的过程。

爱因斯坦说过，如果以爬树的能力来评判，那么鱼一生都会觉得自己是个废物。在遥远的未来，当社会像马克思说的“每个人的自由发展是一切人的自由发展的前提”时，考试将只是学习过程中的反馈，不再是权力规训的仪式。这个时候也不再需要考试作为一种评判。有些人高喊“别让孩子输在起跑线上”，另一些人说：这样的口号没有意义，因为人生不是百米赛跑而是马拉松，对起跑线没那么在意。其实从视角 2 看来，每个人都书写自己的传奇，哈姆雷特有一千个，小说有八百万种写法，又何来共同的赛道和终点呢？

*

内卷源于规训。反内卷就是要反规训。

正是因为教育成了规训，考试成了评判，所以学生们内卷了，甚至在这个过程中家长和老师们也都内卷了。

不仅是学校里，在工作环境里，规训也是无所不在。比方说，为什么要有打卡制度呢？网飞（Netflix）公司取消了限期休假制度，取消了差旅和经费审批，因为它的企业文化是“把员工当成真正的成年人来对待”。试问有多少公司是把员工当成顽童来管理的？

平等的成年人之间的管理是管理，不把对方当作真正的成年人的管理是规训。

反规训就是要真正地尊重人，尊重他是一个真正的人。我在《有温度的资本论》中写道：“不把人当人，或者说把人给物化了，是一切不道德的根源。比如在卖淫这个例子中，正是由于女性被物化了，因此我们认为不道德。是把人当人，还是把人当物，应该是道德上最重要的判定。把人当人，当作平等的人。道德其实就这么一条。”[61]

开心力、关心力、定心力

什么样的学习是不内卷的学习呢？

充满开心力、关心力和定心力的学习。

学习是需要心力的。有些人之所以不爱学习，主要是因为心力不足，缺少学习所需要的心智能量。我在《了不起的学习者》中写道："学习最需要的就是三种心力：开心力、关心力和定心力。"

*

先说说开心力。"开心力"并不是指乐呵乐呵、屁颠屁颠的开心状态，开心力是“开心”和“力”绑在一起的一个词，意思是一种开心的能力。能让自己开心起来，或者保持开心，本身是一种能力。开心力也是“开心”和“心力”两个词叠在一起，意思是一种开心的心力。开心需要一点心力，或者说心智能量。能量不足的人开心不起来。我说的开心力同时包括了这两层意思，它既是一种能力，也是一种能量。既是能把卫星送上天的运载火箭，也是推进运载火箭所需要的燃料。开心力还可以有一层意思：开放的心胸，也就是对新接触到的思想的开放和包容。虽然这得益于汉字的多义，但上述这三种定义是有相通之处的：有开心力的人，处于一种打开的状态，愿意放下负担，奔向新生命。

英国有一所很有意思的学校叫夏山（Summerhill）。夏山学校由尼尔创立于1921年，至今刚好100年。尼尔当初创立夏山学校时最主要的想法就是：让学校来适应孩子，而不是让孩子去适应学校。夏山学校的最大特点是，学生去不去上课完全是自由的。尼尔说：“首先，我们不强迫学生上课。孩子们可以去上课，也可以不去，要是他们愿意甚至可以好几年不进课堂。我们有课程表，但那只是为教师准备的。”[62]

尼尔这样解释他的教学理念:“我认为孩子们生来就很聪明也能辨认现实，即使没有成人管束，他们自己也能茁壮成长。你很容易就会这样以为:在夏山学校就读，那些有能力、有志向成为学者的学生就会成为一个学者，而那些能力有限的学生就只能去扫扫马路。但到目前为止夏山学校还没有一个学生去扫马路。我这样说不是自命不凡，我情愿学校里培养出一个快乐的清扫工而不是一个神经兮兮的学者。”[63]

尼尔和夏山学校最看重的其实是培养孩子们的开心力。他们的目的是在学校里培养出一个开心的人，而无论他最终的职业选择是什么，或者取得多么大的世俗意义上的成功。

幼儿的开心力天生是很强的。在我们的幼儿时期，我们很容易被逗开心，也经常处在开心的状态。很多时候我们自己就开心起来。然而随着年龄的增长，我们的心却变得越来越封闭。开心变得越来越有条件——我们会因为某件事而开心，但是却更少地可以自己开心起来。这是因为在成长的过程中，每个人都经历过许多次的不开心。虽然很多的细节已经被我们选择性地遗忘，有些甚至完全想不起来，但这些不开心仍然在心底累积着，并最终成为心理铭印。

开心力强的人有一种活在当下的洒脱，面对不确定性的时候能泰然自若。俗话说：该吃吃，该喝喝，啥事别往心里搁。开心力弱的人常常会把外部的不如意和不合理往自己的身上归因，开心力强的人则不容易被外界的负面能量惹得不开心。在孩子的成长过程中，促进他的善意归因偏差的发展，对于开心力的养成很重要。很多令人生气的行为并没有恶意，如果家庭可以讨论这些行为的情绪和意图，就能促使儿童了解到很多这类行为并不是故意要挑衅和伤害的。如果孩子主要的依恋对象不能做出善意意图的榜样，不能将他人的意图说成是善意的，那么我们自发感受到的敌意归因偏差将会变得根深蒂固。如果把生活中经常的磕碰都归因为他人的敌意，那么自然就会经常不开心。

所有的厌学都源于开心力不足时的被迫学习。夏山学校索性废除了所有的被迫学习，一直等到学生开心力的“血槽”全满，等到他们自愿开始主动学习。夏山的经验不见得可以被普遍地复制，也未必可以盛行很久，但它毫无疑问是一个非常有启发性的人道主义的教育实践。

开心力的充沛是想去主动学习的必要条件。当开心力充沛的时候，我们会愿意去主动地拥抱这个世界，去更新自己的生活，因为生活的自我更新是生活的需要。换句话说，当开心力匮乏的时候，我们不会想去主动学习。阴天，在不开灯的房间，我们只想来点精神鸦片或者无聊消遣。当开心力不足的时候，也许还可以开展被迫的学习，但是长期下来很可能会有负效果。美国心理学家约翰·华生曾经做过一个实验，在婴儿每次触摸小白鼠的时候发出巨大的响声让他害怕，成功地使孩子终生对毛茸茸的动物产生恐惧。[64] 很多人正是因为把不开心和被迫学习挂钩，才对所有的学习产生了恐惧。

*

像开心一样，关心这个词也有许多层含义。它不仅是领导对群众的关心，更多的是一种对等的关心和被关心的关系。关心的英文是care，它的否定don’t care是一种不在乎、无所谓的态度。关心表达着在乎、有所谓，也就是在说“你的存在对我而言有意义”。我关心一只猫，因为它的存在对我有意义；如果我不关心它，那么它是不是在那儿，甚至它的生死，对我来说都没有意义上的差别。从物质到信息再到意义，可以看作一个递进的系列；而关心在最高级的意义层级，它表达的是被关心的人或物对于关心的人来说有意义。

关心是“先天下之忧而忧”中的“忧”。当一个人关心这个世界，这个世界对于他便有了意义。当他关心地球另一边的一个陌生人，那个陌生人的一切也便对他有了意义。回到王阳明的那句话“你未看此花时，此花与汝心同归于寂；你来看此花时，则此花颜色一时明白起来，便知此花不在你的心外”，郦波从训诂角度的解释很到位：针对花存在不存在这个问题，学生问的是一种物理存在，王阳明回答的是一种价值存在。王阳明的“心外无物”，说的是“心”乃生发意义的源泉。[65]心外之物于我是没有价值存在的。

学习最重要的是“上心”二字。不上心的东西都是心外之物。不上心的学，都是白学。如果一个人的关心力为零，他觉得世界上发生任何事情都无所谓，那么他活在这个世界上就如行尸走肉般没有意义。为什么有些朋友会整天抱怨说生活没有意义，其实正是因为关心力的稀缺。

我说的关心力和好奇心有些差别。我认为好奇心这个词作为学习的动机是不确切的。好奇有一种猎奇、尝鲜的意思，就好像一个鲜美的果子摆在面前，我们可能会好奇地去品尝一下。但是仅仅好奇是不足以驱动我们去学习关于这个果子的知识的，因为学习的过程是需要消耗心力成本的。我们是因为开始关心这个果子，才会想要去进一步地了解它。

关心力和兴趣也不完全一样。兴趣这个词是颇有歧义的。人们常常会说“天生的兴趣”，好像是在说每个人天生会在某个智能方面有倾向，类似加德纳提出的多元智能理论。[66] 我认为，兴趣可以被解释为兴致和趣向，也就是说带着兴致地倾向于做某件事，在过程中觉得有趣。如果我对学习下围棋有兴趣，那就是说，我在学习下棋的过程中有兴致，同时也感到有趣。但是兴趣是对体验进行时的状态的描述，而不是先于体验的。我在下棋之前并不知道我在过程中会不会有兴趣，我只能知道我关心围棋这一古老的智力游戏。很多人把兴趣当成学习的先验条件，我认为是不合理的。在开始学习的体验之前，我至多能预期我在学习的过程中会不会有兴趣，真学起来可就不一定了。相信很多人都有过类似的体验：以为自己会对吉他、街舞、拳击、击剑等有兴趣，报名上了两节课之后发现其实自己对此没那么大兴趣。只有在过程中的兴趣才是真实的，学习开始前的只是基于对自己和该项目的认识形成的一个预期，常常像下周的天气预报一样不准确。如果是以为自己会有兴趣而去学习某事，往往会在学习进步的平台期的时候和预期产生较大的落差，有些人会因此草草放弃；如果是出于实实在在的关心而去学习，因为学习的对象本身对自己是有意义的，则更容易坚持下来。关心是主动学习的必要条件，而兴趣是学习过程中的自我反馈。

幼儿的关心力天生是很强的，蒙台梭利描绘过很多具体的例子。[67]然而随着年龄的增长，我们的关心力却越来越少。很多人在小时候都曾经趴在地上看蚂蚁，长大了以后却对周遭的许多事情视而不见、漠不关心。一个原因是社会权利范式中存在着种种的不合理，以至于在某些经验之下关心不仅得不到奖赏，甚至还可能有风险。鲁迅写过："然而也有经过许多人经验之后，倒给了后人坏影响的，如俗语说‘各人自扫门前雪，莫管他家瓦上霜’的便是其一。救急扶伤，一不小心，向来就很容易被人所诬陷，而还有一种坏经验的结果的歌诀，是‘衙门八字开，有理无钱莫进来’，于是人们就只要事不干己，还是远远的站开干净。我想，人们在社会里，当初是并不这样彼此漠不相关的，但因豺狼当道，事实上因此出过许多牺牲，后来就自然的都走到这条道路上去了。所以，在中国，尤其是在都市里，倘使路上有暴病倒地，或翻车摔伤的人，路人围观或甚至于高兴的人尽有，肯伸手来扶助一下的人却是极少的。这便是牺牲所换来的坏处。”[68] 另一个重要原因是尤其在进入了物欲横流的商品经济社会之后，我们的心力太涣散。每一个商家、广告主、博主、小视频、游戏、明星、网红等无不在绞尽脑汁地试图夺走我们仅剩的那么一点点关心力。所谓的注意力经济，消费的正是我们的关心力。对比基本上没有人说话的日本地铁，咱们的楼宇电梯广告里的一群男女挥动着拳头高喊着“想去哪拍就去哪拍”，这些屏幕广告的商业模式其实是把我们的关心力悄悄地拿去变现了。

认知区间的宽度也是关心力的一个维度。有些人抱怨说自己在成年后的心力涣散是因为在小时候成长的过程中过于拘束和压抑。这往往是因为父母的认知区间不够宽。人们对事物的认知往往有一个区间，在这个区间以外的就被认为是异常的或者是变态的。教师和家长会对行为举止在区间边缘的孩子另眼相看。当父母的认知区间过窄，孩子要么因为触线和父母产生矛盾甚至激烈反抗，要么不得不屈从在拘束的环境中成长。有些人虽然在孩童时期努力地活在教师和家长所期望的区间内，等成年后却是满腹抱怨。区间过窄往往是因为认知层次不到、关心力不强，像井底之蛙不可语于海。当一个人的关心力充沛的时候，他发自真心地关心世界的方方面面，才可能以博大的胸怀认识到世界的复杂和多样。

*

定心力是一种控制心力的心力，就好像元学习是学习如何学习。前面讲到的开心力需要控制把自己打开，把生命绽放；关心力需要控制自己收一点，将关心用到真正值得关心的地方上。定心力就是控制这收放自如的心力。

我说的定心力是收放自如，并不仅是大家通常理解的学习要集中注意力。成人一般可以实现如同聚光灯一般集中的注意力，而在婴儿阶段的注意力却更像一个能照亮四周的灯笼。聚光灯和灯笼的注意模式其实各有利弊。在旅行和冥想的时候，当我们可以忽略聚光灯模式伴随着的注意选择和抑制过程，日常生活的诸多细节都被照亮了，周围的一切也变得更新颖有趣。[69] 当罗素说“专注力是一种非常重要的品质，除非通过教育，否则很少有人能获得它”[70]，他关注的是收的方面，在这方面确实成人会比婴儿更好。但成人往往忽略了放的方面。当毕加索说他自己一生都在学习像孩子一样画画，他说的应该主要不是画法，而是学习孩子的注意方式。

幼儿的定心力天生是很强的，但常常被成人的外部干预给扰乱了。成人总是冲过来说：别玩了，该睡觉了；别玩了，要出门了；别玩了，该吃饭了；别玩了，该洗澡了；这个东西不能碰，会脏；那个东西不是这么玩的，来，我教你。如果是一个成人被这样叨扰，他会不会烦呢？他还怎么定心呢？[71]

随着年龄的增长，很多人的定心力却变得越来越弱。当我们定坐在那儿捧着手机沉溺于抖音或者《王者荣耀》，不是定心，反倒是定心力的匮乏[72]——我们没有能力去控制和调整自己心力的分配。定心力是一种控制，它可以是选择积极的有为，也可以是选择消极的空性。[73]定心力强大的人，无论是有为还是有不为，静如处子，动如脱兔，始终都保持着控制。

我们的定心力怎么就退化了呢？我们从小就被训练说，上课要注意力集中，专心听讲。有些小学规定上课时要双手放在桌面上，有些小学规定上课时要双手放在背后。这样的形式主义的纪律是由外部施加的，而只有主动地去控制心力的才是真正的定心力。这就好像在 19 世纪的德国流行着驼背恐惧症，年轻的女性在晚上睡觉时，要被皮带固定在整形床上，目的是防止驼背。[74]要防止驼背，其实更有效的是锻炼背部的竖脊肌、斜方肌、背阔肌等。肌肉力量够了，身体自然挺拔。

外部的纪律约束不仅效果不明显，更重要的是不能迁移到其他情境——离开了有纪律的教室环境，我们就更不会定心了。这就好像身上一直绑着一个防驼背的支架，虽然它支撑着躯干挺直，但是久了反而妨碍了肌力的正常锻炼。当支架被拆掉，肌力反而更不足以控制身体。这和腿部骨折后如果石膏打久了会肌肉萎缩，需要一段时间的腿部锻炼恢复肌力，是同样的道理。外因辅助的作用是有限的，最重要的是自身的肌力和心力的锻炼。

很多人把自律理解为自我约束、有纪律。我认为自律的律是律动的律。就像舞蹈的律动一样，每个人找到属于自己的节奏。当一个人处在合适自己的节奏中的时候，他的能量水平比较高，心情愉悦，工作效率也可以达到巅峰。自律不是说每个人都必须早六点起床，晚十点睡觉，每天读书八小时，自律不是死框框、硬杠杠，而是找到自己的律动、自己的节奏，然后跟着节奏舞动起来。对于有的人来说，也许每天工作一小时是最合适的，他在这一小时中所能成就的可能远超过其他人的八或十小时。需要自主思考和决策的行业尤其如此，比如科学研究和艺术创作。

锻炼定心力可以像锻炼身体一样，通过自发的主动的控制，反复练习，琴棋书画等都可以。有一些正念、内观、冥想的课程可以有助于定心力的锻炼，而其实主动学习本身就是锻炼定心力的最好方法。越运动，身体越好，越爱运动；同样的，越学习，越定心，越爱学习。

*

开心力、关心力、定心力，每一条都是主动学习的必要条件。当开心力不足的时候，人容易抑郁；当关心力不足的时候，人容易自闭；当定心力不足的时候，人容易焦虑。抑郁、自闭、焦虑的学习是内卷的学习。

而当一个人有着充沛的开心力、关心力和定心力时，他渴望去感知和领悟这个世界，也愿意付诸行动和反思。此时的学习不再内卷，学习是生活的需要。

自主感、胜任感、归属感

什么样的工作是不内卷的工作呢?

充满自主感、胜任感、归属感的工作。

*

自我决定理论是近年来兴起的一个有实证基础的关于人类动机和人格的研究框架。理论的核心观点是，自主感、胜任感和归属感是一个人最重要的三种基本心理需要。自主感是指个体能感知到做出的行为是出于自己的意愿的，是由自我来决定的，即个体的行为应该是自愿的且能够自我调控的；胜任感是指个人在与社会环境的交互作用中，感到自己是有效的，有机会去锻炼和表现自己的才能；归属感是指感觉到关心他人并被他人关心，有一种从属于其他团体的安全感，与别人建立起安全和愉快的人际关系。动机的能量和性质取决于这三种基本心理需要的满足程度。自我决定理论认为，三种基本心理需要如果得到满足，会促进外在动机向内在动机的转化。反之，若三种基本心理需要——特别是自主感得不到满足，原有的内在动机也可能会转为外在动机。

让我们来引述一个经典的例子。一群孩子在一位老人家门前嬉闹，叫声连天。几天过去，老人难以忍受。于是，他出来给了每个孩子25美分，对他们说："你们让这儿变得很热闹，我觉得自己年轻了不少，这点钱表示谢意。"孩子们很高兴，第二天仍然来了，一如既往地嬉闹。老人再出来，给了每个孩子15美分。他解释说，自己没有收入，只能少给一些，15美分也还可以吧。孩子仍然兴高采烈地走了。第三天，老人只给了每个孩子5美分。孩子们勃然大怒："一天才5美分，知不知道我们多辛苦！"他们向老人发誓，他们再也不会为他玩了！

孩子原来是为自己玩（有自主感，嬉闹既是过程也是目的，是自我决定的）；如果老人出来制止他们，孩子们很可能会心想："凭什么啊，偏不！"于是玩得更带劲了。然而当他们心满意足地接受了老人的奖励，内在的部分就逆转了。为了拿奖励（外部奖赏，而非自我决定）来嬉闹，自主感减少，嬉闹成了一种表演。而表演不是发自内心的，只是为了获得报酬。这时内在动机就转化为外在动机了。为别人表演原本就很累，对方居然随意地降低酬劳，难怪孩子们要发怒了，以致再也不会为老人玩了。自我决定理论的深刻之处在于，不仅考察奖励与否，还考察奖励是否满足了内在心理需要，从而促进或阻碍内在动机的形成。[75] 就这样，原本是正效用的嬉闹，在物质激励之后，变成了负效用的雇佣劳动。环境没有变，行为也没有变，仅仅是动机变了。福祸苦乐，一念之差。

同样的道理在马克·吐温的《汤姆·索亚历险记》中有精彩的描写："英国有钱的绅士在夏季每天驾着四轮马拉客车沿着同样的路线走上二三十里，他们为这种特权竟花了很多钱。可是如果因此付钱给他们的话，那就把这桩事情变成了工作，他们就会撒手不干了。”[76] 汤姆·索亚的小伙伴们为什么可以愉快地甚至付费去替汤姆做刷墙的工作，其实正是因为他们在过程中收获了自主感、胜任感和归属感。

自主感、胜任感和归属感，恩格斯《英国工人阶级状况》中考察的 19 世纪的英国工人阶级显然是没有这些心理感受的：“工业革命只是使这种情况发展到极点，把工人完全变成了简单的机器，剥夺了他们独立活动的最后一点残余。”[77] 今天，一些第三世界国家的“血汗工厂”里情况大抵仍是如此。

再举一个大家耳熟能详的例子。中国共产党用 28 年时间完成了人类历史上一次伟大的创业。对比同时期的国民党，共产党做对了很多事情，而其核心正是赋予党员、军队和群众以自主感、胜任感和归属感。恰如毛泽东所说：“自觉的能动性是人类的特点，更是人类在战争中的特点。人类在任何的行动中表现的能动性，没有比在战争中更加强烈的。战争的胜负，一方面决定于双方的军事、政治、经济、地理、战争性质、国际援助诸条件，然而不仅如此。仅有这些，只是包含着胜负的可能性，它本身并没有分出胜负。要分胜负，还须加上主观努力，这就是指导战争与实行战争，这就是战争的自觉能动性。指导战争的人们不能超越客观条件许可的限度以企图战争的胜利，然而可以而且必须，在客观条件的限度之内，能动地争取战争的胜利。战争指挥员活动的舞台，必须建筑在客观条件的许可之上，然而他们凭借这个舞台，却可以导演出很多有声有色、威武雄壮的活剧来。”[78]

*

20世纪由泰勒提出的科学管理法是这样的：“提高体力劳动者的生产率的第一步，是深入了解体力劳动者的任务和分析构成任务的动作。下一步是记录每一个动作、完成每个动作需要的体力和时间。然后，我们可以剔除多余的动作。每当我们深入了解体力劳动时，我们都会发现，许多过去被视为天经地义的程序，现在看来都是毫无价值的东西，而且是可有可无的。然后，我们确定每一个生产出成品所需要的动作，并以最简单、最容易、操作人员所能承受的体力和精神压力最小，以及耗时最短的方式完成这些动作。随后，我们按逻辑顺序将这些动作合并到一起，使之成为一项‘工作’。最后，我们重新设计完成这些工作所需要的工具。只要我们能深入了解任何工作，无论这项工作已经做了几千年，我们都会发现，传统的工具完全不是完成任务所需的恰当工具。例如，在铸造厂使用铁铲搬运沙子就属于这种情况，这也是泰勒的第一个研究项目。铁铲的形状不对，尺寸不对，把手的选择也不对。我们还发现，外科医生使用的传统工具也存在同样的情况。”[79]

科学管理法的确可以提高体力劳动者的工作效率，但是在这样冷冰冰的、机械化的流程设计中，劳动者的自主感、胜任感、归属感在哪里呢？如果我作为一个劳动者，企业每天只是希望我以时间最短、生产率最高的方式完成动作，长期下来我能不感到内卷吗？

彼得·德鲁克在《21世纪的管理挑战》中写道：“泰勒的思想只针对体力劳动者，而以下6个主要因素决定了知识工作者的生产率：（1）要提高知识工作者的生产率，我们需要问这样的问题：‘任务是什么？’（2）要提高知识工作者的生产率，我们要求知识工作者人人有责。知识工作者必须自我管理。他们必须有自主权。（3）在知识工作者的工作、任务和责任中必须包括不断创新。(4)对于知识工作，知识工作者需要不断受教育，他们同样也需要不断指导别人学习。(5)我们不能或至少不能只用产出的数量来衡量知识工作者的生产率。质量至少与数量同样重要。(6)最后，要提高知识工作者的生产率，组织应把知识工作者看作‘资产’，而不是‘成本’，并给予相应的待遇。在面临所有其他机会时，知识工作者需要有为组织工作的意愿。”[80]

不难看出，上述6点中，1、2关乎自主感，3、4、5关乎胜任感，6关乎归属感。虽然德鲁克是从企业的管理者和资本的立场来看问题，仅从生产率的角度出发，但仍然需要为知识工作者创造出有自主感、胜任感和归属感的环境。

*

从工作者自身的立场来看，自主感、胜任感、归属感更是必不可少。

当工作内卷的时候，工作从经济学上来讲对于工作者是产生了负效用的。许多经济学家都认为劳动是产生负效用的，他们甚至是基于负效用来定义它的，比如马歇尔在《经济学原理》中说："劳动是任何心智或身体上的努力，部分地或全部地以获得某种好处为目的，而不是以直接从这种努力中获得愉快为目的。"[81] 冯·米塞斯在《人的行为》中写道："工作被认为是痛苦的，不工作比工作被认为是较满意的情况。在其他条件不变的假定下，闲暇比工作好。人们之所以工作，只是在他们认为工作的报酬高于闲暇所产生的满足。工作招致负效用。"[82] 在这里我们对劳动和工作两个词不做区分，米塞斯说的负效用显然主要是心理体验层面上的。马克思在《雇佣劳动与资本》中也写过："一个工人在一昼夜中有 12 小时在织布、纺纱、钻孔、研磨、建筑、挖掘、打石子、搬运重物等，他能不能认为这 12 小时的织布、纺纱、钻孔、研磨、建筑、挖掘、打石子是他的生活的表现，是他的生活呢？恰恰相反，对于他来说，在这种活动停止以后，当他坐在饭桌旁，站在酒店柜台前，睡在床上的时候，生活才算开始。在他看来，12 小时劳动的意义并不在于织布、纺纱、钻孔等，而在于这是挣钱的方法，挣钱使他能吃饭、喝酒、睡觉。如果说蚕儿吐丝作茧是为了维持自己的生存，那么它就可算是一个真正的雇佣工人了。"[83] 马克思接着写道："劳动力并不向来就是商品。

劳动并不向来就是雇佣劳动，即自由劳动。”[84]

什么是劳动？劳动是人和自然的关系，人通过改变自然来为自己的目的服务。劳动的目的总是为某些人服务。自由劳动为自己服务，雇佣劳动部分也为雇主服务。劳动的目的本身并不一定会产生负效用，问题出在劳动过程中缺乏自主感、胜任感、归属感。

我在《有温度的资本论》中指出，劳动是人对自然的实践。劳动并不向来就是负效用的，在未来更可以不是负效用的。劳动的负效用是现阶段社会生产方式中最大的问题。类似的，现代教育最大的问题是学习的负效用。内卷是人们对负效用的一种强烈感觉。

让人欣慰的是，现在的很多企业都越来越重视自主感、胜任感和归属感。为了培养归属感，企业经常组织各种团建活动。人力资源管理绩效考核从KPI到OKR的趋势变化，最重要的也正是自主感和胜任感的提升。OKR（objectives and key results，目标与关键成果）考核制度是由每个人的目标（也就是需要达成的战略目标）以及关键成果（用以衡量达成目标的进度）构成的。每位员工都需要更新自己的OKR，并在公司内发布，好让大家快速了解彼此的工作重点。不仅如此，OKR需要打分，但这分数不作他用，甚至没有人来记录。唯一的用途，就是让员工诚实地评判自己的表现。每个人自己设定目标并且自我评判，是自主感。有一定难度的OKR，而不是必须百分百完成的KPI，更能让人感到自己有机会去锻炼和表现自己的才能，产生胜任感。

我在《有温度的资本论》中写道：爱是领略、守护和成就她独有的美。自主感是被领略了自己的美，归属感是被守护了自己的美，胜任感是被成就了自己的美。自主感、胜任感和归属感，说到底就是被爱的感觉。有自主感、胜任感和归属感的工作环境，就是能让员工有被爱的感觉的环境。

随着人工智能的发展，人类主要的职责就剩下创造规则和破坏规则。体力劳动者都将被机器取代，剩下的全部是知识工作者。所有的工作都是创造性的工作，因为凡是非创造性的重复的事情都可以让人工智能去学习和实现了。在企业的进化过程中，未来那些可以赋能每个人自主感、胜任感和归属感的组织形式将在自然选择中胜出，因为这样的组织形式有利于激发创造，而越有创造力的企业越善于适应和变异。所以未来的劳动将满足人的自主感、胜任感和归属感。未来的劳动是正效用的。未来的工作是不内卷的。

机　会

ANTIINVOLUTION

ANTI-INVOLUTION

ANTI-INVOLUTION

ANTI-INVOLUTION

04

ANTI-INVOLUTION

财富的无限制继承是不应当的

当代社会的许多内卷现象，归根到底是源于机会的不均等。“小镇做题家”出身寒门，除了内卷并没有其他阶层晋升机会，那么内卷一点又何妨呢？

财富的不平等在这个社会中是长期持续存在的。俗话说“富不过三代”，但事实证明并非如此。一项研究调查了1427年佛罗伦萨的纳税人信息，包括姓氏、职业、收入和财富比例，并和同一城市2011年的纳税人信息作对比，发现2011年纳税金额最高的五个姓氏家族，早在15世纪就处于财富和收入的领先地位。而2011年纳税金额最低的五个姓氏家族，在15世纪也表现平平。意大利人的姓氏通常是高度地方性的，往往都是呈直线传承，基本可以判断现在这些最富有的家族就是六个世纪前那些人的后代。[85]

斯坦福大学教授沃尔特·沙伊德尔的量化历史研究发现，在人类历史上，和平稳定时期总是伴随着财富差距拉大，而真正能造成财富差距持续下降的只有四大驱动力：大规模战争、重大革命、国家崩溃和大型瘟疫。[86]佛罗伦萨目前的纳税人当中赚钱最多的家族在六个世纪前就已经在社会经济结构的顶层了，其间还经历了拿破仑的占领和墨索里尼的独裁时期。意大利的这种情况，在欧洲其实是一种普遍现象。

*

如果想解决当今社会的财富不平等问题，最根本的解法是我在《有温度的资本论》书中提出的：财富的无限制继承是不应当的。

托克维尔在《论美国的民主》里指出："使我感到惊异的是，古代和现代的法学家们，竟没有使继承法对人间事物的发展产生巨大的影响。不错，它属于民法法规，但也是主要的政治措施，因为它对国家的社会情况具有异常重大的影响，而政治方面的法律不过是社会情况的表现形式。而且，继承法是以确切无疑和始终如一的形式对社会发生作用的，甚至可以说它也将影响尚未出生的世世代代。依靠继承法，人可以拥有左右人类未来的一种近乎神赐的权力。立法家一旦把公民的继承法制定出来，他就大可休息了，因为实施这项法律以后，他便无事可做了，即这项法律将像一部机器一样，自行开动，自行导向，朝着预定的目标前进。”[87] 继承法对社会的影响力可以远超过我们这一代人可能采取的其他一切措施。从根本上解决社会的不平等问题，只能靠改变财富继承的法则。

我在《有温度的资本论》中指出，财富是一个由想象所建构的秩序，一个共同的虚构故事。说到财富的时候，世人总是误以为它体现的是人与物之间的关系，而事实上，所有财富本质上体现的都是人与人的关系。财富关系归根到底是人与人之间权利的社会网络。人们把彼此间的权利关系往万物上去映射，形成财富权利网络，决定了财富的分配。当我们从这个角度来理解财富，就可以豁然开朗：凭什么人与人之间的权利关系要代际继承呢？

我在《有温度的资本论》中系统地反驳了哈耶克[88]、加里·贝克尔[89]对于财富继承的辩护，并且讨论了罗伯特·诺齐克关于重构遗产继承制度的设计[90]，以及托马斯·皮凯蒂在《21世纪资本论》中关于年度累进资本税的构想[91]，在此不赘述。罗素在《西方哲学史》中指出，财产的继承本质上和政治权力的世袭是相似的，为什么政治的世袭被打破了，而财产的继承仍在持续呢？[92]

YouTube上有一段20世纪六七十年代的视频。视频中，一个年轻人向米尔顿·弗里德曼提问说，有些人因为投胎的运气不佳而出身寒门，并不是他们的错。即使自由市场是正常运转的，这些出身贫寒的人们终其一生努力也很难追赶上那些起点高的人。为什么不应该有100%的遗产税呢？弗里德曼回答说，不，这样会影响激励。当你长大了，就会明白，这不是一个个人的社会，而是一个家庭的社会。最大的激励、最驱动人的激励其实是创造和建立家庭。100%的遗产税会激励人们把钱高消费在无聊的娱乐活动上，那么哪来的工厂、机器、资本投入到科技进步中去？令人惊奇的，同时又经常被人忽略的是，市场经济会激励人们为了他们的孩子的利益而努力工作。弗里德曼说，他观察到的最有趣的事情之一是，相比起自己消费获得的效用，几乎所有人会更高估他们的孩子从消费中获得效用的价值。所以，100%的遗产税会毁了这个社会。

这里要强调的是：我说的是财富的无限制继承是不应当的，也就是像目前这样，把全部财富都交由下一代来继承，是不应当的。视频中年轻人提出的100%的遗产税则是另一个极端。但实际上，对于身家百亿美元以上的富豪来说，即使90%的财产在身后被通过遗产税或者其他形式用来普惠人民，也不是不可行的。弗里德曼作为新自由主义经济学的代表人物，在此处拿出他自己坦承觉得是有些非理性的家庭观来做辩护，也是难为了。视频的评论区中有些人辩称，按照自由主义经济的原则，财产应该由拥有者个人来自由支配。在被财富无限制继承的文化传统主导的当今社会里，他其实是不大有这方面的自由意志的；即使他的子女不贤不肖，他也不得不去顺应关于财富继承的社会期望。近年来社会新闻中有个别愿意把遗产给保姆或者护工的案例，都引起了诸多纷争。

我提出的是，如果我们对遗产的继承给予一个上限，既可以保证子女过上衣食无忧的生活，又不至于穷奢极侈，那么未被继承的部分作为税收，其总体量将必然成为第一大税种，足以保证全民的教育、医疗等社会保障的支出。如果全社会的教育、医疗和养老都可以做到近乎免费，自然也降低了继承财富的必要性。

而这世界上真正值得历代相承的，如马歇尔在《经济学原理》中写的，其实只有思想，“无论科学艺术思想或实用工具中所体现的思想”[93]。

财富的随机转移

除了改变财富的无限制继承，关于未来的财富分配制度改革还有一个乍听起来可能会像天方夜谭的思路：财富的随机转移分配。

*

房间内有 100 个人，每人有 100 块钱，每分钟随机给另一个人 1 块钱，最后这个房间内的财富分布是怎样的？[94] 类似的例子是如果把很多小球随机地放在许多方格中，方格中小球的个数的初始分布应该是接近于正态分布（又称为高斯分布）的泊松分布。如果接下来随机地选择两个方格，让其中一个方格中的 1 个小球移到另一个方格中，反复这个过程，经过许多次移动之后，小球的分布就会趋近指数分布——大部分的方格中只有很少的小球，少数的方格中有很多小球。[95]

但是在统计力学的另一个经典故事里，保罗·埃伦费斯特和塔蒂亚娜·埃伦费斯特两位物理学家分析了一个简单的数学模型，用它来模拟气体流动的统计力学性质："他们假设有两只狗紧挨着站在一起，其中一只身上有很多跳蚤，而另一只身上没有。每只跳蚤都有一个编号，而且每次都会有一只跳蚤（随机选择）从一只狗身上跳到另一只狗的身上。很明显，如果跳蚤很多，最终两只狗身上的跳蚤数量就会趋于平衡。"[96] 当然不一定非得是狗和跳蚤，如果把这个比喻换成是罐子里很多有记号的小球每次被随机选择移动，那就是"埃伦费斯特罐子模型"。为什么跳蚤反复跳了很多次之后系统反而趋于平衡了呢？

差别在于，在最终趋于平衡的模型中，被随机选择的是跳蚤或者小球；而在接近指数分布的模型中，被随机选择的是方格（或者如果有许多狗和跳蚤的话，被随机选择的是某两只狗）。回到人分钱的故事里。如果每次随机选择的是一对人，那么富人和穷人被选中的概率是一样的，被选中的钱是谁的概率是一样的；而如果每次随机选择的是一张钞票，那么富人的钱被选中和被移走的概率就会大很多。在后者的情况中，如果钱像个醉汉一样在富人和穷人之间随机游走，那么显然最终会趋于一种均贫富的平衡状态。

当每次随机选择一对人，或者说随机选中两个方格之间的一个门，为什么长期下去会趋于指数分布呢？其实在这个问题里有一个隐含条件，就是每个人的财富不能是负值。事实上，如果财富可以是负值，模拟的结果仍然是趋近于正态分布的，只是方差随着交易次数的增加而增大。当财富不能成为负值，我们可以想见随着交易次数的增加，会有越来越多本来已经亏到成负数的人现在的财富在零的附近。我们在这里不做严格的数学证明[97]，只谈统计学上的直觉。如果财富是一个可正可负的数字，那么人群中的正态分布是符合直觉的；而在这个问题中，财富是离下一次交易会让自己破产的结局的时间距离，或者说是预期的剩余寿命。在统计的直觉中，时间变量是符合指数分布的。

财富有它的波粒二象性，既有数字属性，也有时间属性。从富人的角度看，财富的变化只是个数字的变化；对于穷人，比如身上背负着“套路贷”的杨白劳来说，财富是还能够继续撑多久的时间。如果要给贫穷下一个定义，我认为相比联合国的日生活费 1.9 美元这样的数字，更合理的是看对于这个人来说，财富的时间属性是不是重要。如果“一箪食，一豆羹，得之则生，弗得则死”，时间属性非常重要，这时候是真的贫穷；如果觉得“万钟于我何加焉”，便已经是真的富足。

我在《治理的逻辑：事权与财权的分立》中设想未来的数字货币本质上是一个数据集，其中既包含这一枚币的历史信息，也包含和该币相关的数字合同。未来的数字货币的意义正在于它不再仅是一个数字。我在该书中指出，程序货币可以大幅度地降低金融活动的风险和成本，其中核心的有：降低征税的成本、降低股权投资的成本、减少高风险债务等。[98]

数字化的货币将在不远的将来成为主流。而且未来的货币如我在《治理的逻辑》中描绘的，将不仅是数字，而其实是程序。此时的货币可以预设一个随机转移的规则，使得货币就好像狗身上的跳蚤。货币将以一定的概率随机地从一个人的钱包自动地跳转到另一个人的钱包。跳转的技术实现对于数字货币来说不难，只要修改相关的字段即可，而且程序是货币本身的一部分，不可篡改。这个转移概率可以设得略低于常见的通货膨胀率，比方说每年有1%的概率发生跳转。[99]想一想中世纪教会“按照土地收获量而抽税十分之一”[100]的什一税，百分之一的随机跳转其实不过分。

*

货币的随机跳转不是要搞平均主义，而是为了消灭稀缺。当人们穷到一切稀缺的时候，每天都要担心离破产的日子还有多久的时候，他的心智“带宽”被挤占了，没有剩余的“带宽”去做其他的思考和行动，于是落入贫穷的陷阱和内卷的漩涡。[101]实际上，在前面讲的财富的二象性中，只有财富的时间属性会导致“带宽”的稀缺，财富的数字属性是不会的。

如果每年有比如1%的财富自动随机跳转，则体量上足以使收入最低的阶层摆脱基本的贫困。毕竟当下世界上最富有的2000人的财富就已经相当于全世界最穷的60%人口的财富总和。彻底的随机使得这个机制会比现有的各种转移支付更公平，同时因为自动化而效率更高。社会中现有的各种慈善捐助虽然出于善意，但其效率和透明度上往往存在问题，引来许多诟病。国家政府层面的转移支付往往会有巨大的运作成本，而货币的自动随机跳转就好像现在某些大学将贫困生的补助直接打到饭卡里一样简单、直接、有效。

财富的自动随机跳转会增加绝大多数人的实际收入，因为可以大幅度地减税了。之前的税收中有相当部分是被用去作为转移支付的。当有了财富的自动随机跳转之后，许多原本的社会福利项目都可以省去了，原本维持那些项目所需要的大量人员开支费用也可以节约下来了。社会上大量投入在公益救助方面的时间成本也可以被节省下来。税收降低、政府变小，对于整体经济是利好。

财富的随机跳转还可以抵消掉一些可能的通货紧缩的影响。随机跳转对于富人的影响其实不大，仅和现在的通货膨胀环境相当，在一定程度上反而可以刺激社会总消费，并不是坏事。对于穷人来说，他可以预期接下来的日子会变得稍微容易一点。子曰："夫仁者，己欲立而立人，己欲达而达人。"

其他的经济力量，比如通货膨胀和央行对金融市场的干预都会影响财富的重新分配。通货膨胀是一种再分配，但是它的再分配更多的是随机的，不能保证世界是向更平均还是更不平均发展。[102] 央行、政府对金融市场的干预会使金融资产的持有者难以有持续的损失，而没有金融资产的人们得不到好处，实际上会扩大贫富差距。[103] 我说的这种财富的随机转移几乎可以保证是帮助社会朝着均贫富的均衡状态移动，因此它可以抵消其他那些使社会收入和分配不公的作用力。

此处说的随机跳转的是广义货币，或者在本质上说是各种所有权。在设计这样的随机跳转之前，当然需要所有的资产都是数字化登记的和证券化的。如果只有现金跳转而房产不跳转，那么显然富人会尽可能地将财富囤积在房产里。在未来，所有的产权都是证券化的，产权本身是更灵活的、可分割的，其中的关键一点在于剩余控制权的分离，我将会在后面讲到。当然还需要"世界大同"，至少是全球统一货币。

世界货币是大势所趋，未来的程序货币天然就是世界化的。

在这个世界上，有一些人不得不内卷，是因为他处在极度稀缺的境况中。当上顿不接下顿的时候，只有不停地内卷下去才能有饭吃。如果世间有随机的财富转移，那么即使是社会中最不幸的人，也可以有机会脱离内卷。

货币就好像狗身上的跳蚤，以一定的概率随机地从一个人的钱包自动地跳转到另一个人的钱包。

随机选用人才

除了财富的随机转移，在人才的选用上也可以引入随机性。

我在《治理的逻辑》中写道：事权和财权应该分立。事权尚贤，财权民主。我在书中论证了几点：第一，财权是适合做民主设计的；第二，事权相比财权更适合尚贤；第三，当财权民主时更有利于事权尚贤。我在书中还写到要充分发挥专家的力量，吸纳专家积极参与共治。我提出可以有一个与英美的上下院不同的设计，其中需要民主的问题可以交由一个由人民构成的下院，需要尚贤的问题可以交由一个由专家构成的上院。现在我想指出的是，除了尚贤和民主两种模式，还可以补充一种自古就有的，但是现在看来会显得比较奇怪的模式：通过随机抽签选用人才。

古代雅典最为重要的政府机构实际上是通过抽签来产生其公职人员的——五百人议事会、陪审法庭，以及几乎所有的行政长官。五百人议事会是雅典民主制度的重中之重，它起草法案，安排公民大会，管理财政、公共事务、行政长官，还负责与邻邦的外交事项。简而言之，一些通过抽签选出的公民握有最重要的权力。[104]

达维德·范雷布鲁克的《反对选举》在描绘了当代民主选举程序中的弊病之后，讲述了将抽签模式引入立法工作的尝试："在他们看来，抽签的使用不该局限于临时性事务；相反，抽签选出的公民代表应成为国家机器的组成部分。由随机选出的公民代表组成的议会可以兼顾合法性和高效率。其合法性足够，是因为抽签模式实现了均分政治机会的理想。其效率较高，是因为这些新当选的人民代表不会因政党间的拉锯战、选举游戏、媒体大战或立法争论而心力交瘁；他们可以集中精力，努力提升公共利益。"[105]

*

如果是通过抽签选出一位最高行政长官，看起来是不合情理的。但是各种议事会的成员代表是可以凭靠类似抽签的方式随机产生的，就好像美国的陪审团成员基本上是随机产生的。[106]陪审制度不仅是作为司法制度而存在的，正如托克维尔所说："陪审制度首先是一种政治制度。"[107]实际上，一个议事会的成员如果是随机产生的，它可以更公正、无偏地代表真实的民意。任何非随机的选择机制其实都会有它内化的偏见。虽然在某些情况下，也许这些机制的效率更高，但是其中的偏见必然使它不完全代表整体，也不可能是完全公正的。

这里有点像机器学习中偏差和方差的权衡。随机产生的议事会成员可能方差比较大，但是偏差比较小；通过其他方式选取的可能方差小，但是偏差会大。最佳的方案可能是在二者之间权衡，有一部分成员来自其他方式比如票选，另一部分来自随机抽选。或者我们可以看事情本身对公正的需求。如果事情对公正性要求很高，比如立法和司法环节，那么我们可能应该选取无偏的随机方式；如果事情对公正性要求不太高，而对比如快速达成一致的时间效率要求比较高，或者对参与者的专业知识水平要求比较高，那么可能更应该采取非随机的方式。

和财富的随机转移类似，随机选用人才往这个社会中注入了随机性。内卷是在一个可预见的，而且持续收敛的轨道上高速旋转；注入随机性是打破内卷这种惯性动能的最好的办法。

优绩的暴政

财富的随机转移和随机选用人才，背后蕴含着对优绩主义的挑战。

优绩主义的英文是meritocracy，也可翻译为“贤能主义”“精英主义”，我在之前的《治理的逻辑》中将其写作“尚贤”。我提出事权和财权应该分立，事权尚贤，财权民主，正是说在事权上可以采纳优绩主义。

优绩主义简单的理解就是谁行谁上，谁行谁得。成绩好的可以做官，学而优则仕，科举制度便是优绩主义的一个典型例子。

内卷和优绩主义有着深切的关联。可以说，恰是优绩主义造成了内卷。人们为什么去内卷？是为了取得优秀的成绩。因为在优绩主义下，成绩决定了一切。为了提升地位、获取更多的财富，人们只能去拼命地为成绩奋斗和竞争，过度的竞争导致了内卷。试想一下在优绩主义之前的贵族制下，贵族子弟们平时遛遛鸟、斗斗蟋蟀，思考一下哲学，悠哉的生活并没有内卷。

*

过去半个世纪里，优绩主义成为英美等西方国家的主流意识形态，几乎可以被看作是“美国梦”的内核。但是近两年，关于优绩主义颇有一些反思和批评，其中的代表作是哈佛大学教授迈克尔·桑德尔的《优绩的暴政》。[108]

桑德尔说，近几十年来，成功者与失败者之间的鸿沟深化，毒害了政治环境，分裂了人群。这种鸿沟一部分由不平等所造成，但也和人们对成败的态度有关。那些在顶层的人认为他们的成功都是自己努力的成果，失败者的失败不应归咎于其他任何人，只能责怪失败者自己。这种对于成功的想法，来自一种看似吸引人的原则——如果每个人都有平等的机会，那么成功者就应该获得奖赏。这正是“优绩主义”的核心。事实上，人们离这样的理想很遥远，因为不是所有的人都有平等的机会往上层流动。在常春藤联盟的大学中，来自顶端1%的家庭的学生的人数比来自后50%家庭的学生的总和还要多。

问题不只在于优绩主义没能实现它所宣称的那样，而是优绩主义这种理想本身存在缺陷。优绩主义会侵蚀公共利益，导致成功者傲慢，使失败者蒙羞。它鼓励成功者深信他们成功的事实，忘记帮助他们前进的运气，轻视那些运气和条件比他们差的人。那些在考试中取得好成绩、上了好大学的人，贬低那些没有大学文凭的人，说他们的工作创造的市场价值不大，对社会的贡献也小。这种思维方式造成的社会分化加上全球化带来的不平等，推动了劳动人民对精英阶层的不满。特朗普的上台正是发生在这样的大背景下。

我在《治理的逻辑》一书中写过这种“应得权益感”。我们往往兴致勃勃地讨论什么是正义，却好像忘了这世间的不正义都是来自人创造的制度。在林林总总的不正义的现象中，我们往往看到各种各样自以为是的应得权益感：因为我聪明，所以我应该多得；因为我力气大，所以我应该多得；因为我爹“牛”，所以我应该多得……在这种种貌似理直气壮的模式化的说辞背后，隐含着的是基于该模式的差别的鄙视：聪明人可以鄙视不聪明的人，爹“牛”的可以鄙视爹不“牛”的，信神的可以鄙视不信神的，等等。我在《有温度的资本论》中写过：“义是反对人间的一切鄙视。”不正义的分配就是那些夹带着对他人的鄙视的分配。如果在一个分配方案的产生过程中没有任何人鄙视其他人，那么它就是合理的。而如果去纠结模式化的按需、按劳、按德、按努力、按地位、按出身等，就都着相了。

这种应得权益感，或者说“该我的”的态度，其实特别坏。应得权益感除了上述的基于模式化的，还有一种是基于互惠原则（reciprocity）的：因为我帮过你，所以我将来应该从你处得一份。当我们看到大恩成仇的事例时，会发现往往不仅是受恩方的恩将仇报，施恩方的这种应得权益感也是重要的诱因。类似的还有一种想法，尤其会出现在亲密关系中：因为我是为你好，所以你就该怎么样。这种种“该我的”态度，如果用佛家的话语来讲，都是我执、我慢。

举个大家耳熟能详的孔融让梨的例子。四岁的孔融在和哥哥们一起吃梨的时候说自己是“小儿，法当取小者”。千百年来人们称赞孔融，是因为他遵守了小儿应该拿小份吃小梨的模式吗？其实不是的，小朋友就应该拿小份的这个模式并不一定总是成立。孔融让梨的反面是如儿歌中的“家里分苹果，我把大的挑，哥哥姐姐都让我，我最小”——因为我最小，所以“该我的”。对比一下，我们称赞的其实是孔融的不自居，不倚小卖小，不自以为是，没有那种应得权益感。的确，应得权益感可能是一种从小养成的心智模式，因此我们往往在二代身上看到比一代更多的应得权益感。这种应得权益感不仅体现在人与人之间的分配上，也体现在人与自然的关系上。人类为什么滥采滥伐、滥捕滥杀？也是源于一样的自以为是的“该我的”的态度。只要在分配的过程中某些人带着强烈的应得权益感，由他们决定的分配就必然是不正义的。

*

桑德尔反对的是伴随着优绩主义的应得权益感、鄙视和暴政。面对优绩的暴政，桑德尔希望所有公民思考：怎样才能促进人们的共同利益？作为公民，我们对彼此的责任是什么？我们应该如何共同生活？他从大学角色、工作尊严、成功意义三个层面，提了一些建议。[109]

在大学层面，桑德尔觉得，将大学所扮演的角色看成是机会仲裁者，这已经值得商榷了。事实上，将近三分之二的美国人并没有大学学历。因此，让大学文凭被看作是获得具有尊严的工作与体面的生活的必要条件，这个想法相当愚蠢。鼓励人们去念大学当然是件好事，但是得为那些负担不起的人提供更多机会。为了让美国人认识到择优录取的运气成分，桑德尔甚至提出一种看似激进的方案：所有学生达到给定学术门槛后，通过抽签方式参加录取，并可设置额外的抽签名额以保证生源的多样性。抽签不仅可以让寻求大学录取的学生减轻压力，也会减少被大学录取的学生的傲慢。

不难看出，桑德尔对于大学录取的抽签制度设计，和我前面提出的财富的随机转移、随机选用人才其实异曲同工。

在工作层面，桑德尔认为，人们应该重塑工作的尊严。桑德尔举例说，美剧《绝命毒师》中的主角沃尔特·怀特本来是高中化学教师，后来变成了制毒的大佬。当怀特将他的化学才能应用于制作冰毒时，挣的钱远远超过做教师时获得的微薄工资。但是这并不意味着制作冰毒比做高中老师对社会的贡献更大。马丁·路德·金在遇刺前几个小时，回想起在田纳西州曼菲斯清洁工人所发起的罢工事件，说："归根结底，捡垃圾的人和医生一样重要。因为如果他不工作，疾病就会蔓延。所有工作都有其尊严。"桑德尔建议说，重塑工作尊严可考虑两个方向的政策：一是对低收入工人的工资补贴，比如政府可根据目标小时工资，按工作小时数为低工资雇员提供一笔补充款；另一个是降低甚至取消工资税，并通过对消费、财富和金融交易征税来增加收入。

对比之下不难看出，我提出的财富的继承制度的变革是更为根本的解决方案，桑德尔提出的工资补贴和工资税只能暂时性地缓和。

最后，桑德尔认为，关于成功的意义人们可以扪心自问："我的成就是源于我活在一个奖励才华的社会中，而这个才华正是我所拥有的？还是只因为我很幸运而已？"在他看来，坚信成功只是因为自身，会让人很难设身处地感受他人的困境。意识到运气在生活中扮演的角色会促使我们变得谦卑。或许是出于偶然的缘故，或者是神的恩典，或者是命运的奥秘，所以"我"才能到达某个高度。桑德尔举了个例子：现在人们喜欢篮球，所以，擅长精准投篮就具有极大的市场价值。这也是勒布朗·詹姆斯能赚那么多钱的原因。然而，他只不过是幸运地生活在一个人们热爱篮球的时代。假设他生活在中世纪，具有同样的投篮天赋，但消费者市场完全不同，人们不关心他是否会投篮，而只关心他是否能够成为合格的战士或牧师，他就不会像现在这么富有。既然他生活在什么时代、消费者市场会怎样，都不取决于他本人的作为，那么，我们当然就不能说，他应当获得他现在从市场中赚到的那些钱。桑德尔说，这种谦卑的精神是我们目前所需要的公民素养。我们可以从分裂彼此的成功道德观走回正轨，走向一种少点怨恨、更加慷慨的公共生活。

*

人们为什么心甘情愿地去内卷，一个基础的动因是我在《有温度的资本论》中提出的“鄙视焦虑”。这个社会里大家都挺焦虑。焦虑主要源于对被鄙视的恐惧。在贪婪和恐惧两大人性中，从来都是恐惧比贪婪更“重要”一些。在鄙视链的生存斗争中，恐惧是比贪婪更重要的驱动力。我们恐惧被鄙视，因为我们以为爱都是有条件的，达不到条件就不会被爱，就会被鄙视。姑娘为什么要去做医美整容，因为她觉得被爱是基于她漂亮这一条件，不漂亮就会被鄙视。

人们担心自己不内卷就不会成功，不成功就会被鄙视。在优绩主义的文化下，成功者们觉得自己是有这个可以鄙视他人的资格的，虽然他们同时也焦虑自己被更成功的人鄙视。人们不停息地奋斗，为了在鄙视链上获得一个更好的位置，但是恰如迈克尔·刘易斯在《说谎者的扑克牌》中所言：“在这个行当里，你永远不会觉得自己有钱，你所获得的只能是新的相对贫困的境遇。”[110] 鄙视链的攀爬永无止境，内卷也在所难免了。

我们要克服鄙视焦虑，反抗优绩主义的暴政，需要充分认识到这个世界中的运气成分，或者说不确定性。蒙田写过，“偶然性事件按照它难以捕捉的意愿决定着我们的身份和名誉：我经常看见机遇走在美德前面，而且占有绝对优势”。

对成功中的运气成分的认识，对世界的不确定性的敬畏，是对世界法则的起码的尊重。

结　构

ANTI-INVOLUTION

ANTI-INVOLUTION

ANTI-INVOLUTION

ANTI-INVOLUTION

ANTI-INVOLUTION

05

优化幸福的深度神经网络

内卷往往来自过度竞争。竞争为什么会过度呢？为什么总是会出现千军万马过独木桥的情况呢？因为社会总是呈现为一个金字塔式的层级结构。

金字塔式的层级结构历史渊源已久，有没有可能的替代方案呢？

*

请容许我简单介绍一下近几年来特别火的深度学习和深度神经网络。

先讲一个典型的深度神经网络——深层前馈网络。深层前馈网络是一个由很多层神经元组成的链式结构，网络的一端是输入层，另一端是输出层，中间有许多隐藏层。每一层都可以被想象成是由许多并行操作的单元组成。这些单元类似神经元，接收来源于其他单元的输入，计算它自己的激活值。[111]

打个比方，老百姓的诉求是某个深层网络的输入层，国家最终的法令和政策取向是这个网络的输出层，中间的隐藏层是各级行政机关。一个诉求往上传的时候可能会激活不止一个行政部门，比方说一个环保的诉求，既归地方的政府领导，又归环保业务条线的部门管辖。

神经网络的目标一般总是要最小化某个代价函数。如果把代价函数理解为"不幸"，那么我们希望通过优化神经网络，使总的"不幸"尽可能小，也就是使总的幸福尽可能大。如果把这个深度网络想象成一台巨型的机器，在充分合理地训练这台机器之后，到了实战阶段，随着老百姓的各种诉求源源不断地输入，这台机器会输出合适的政策，尽可能地最大化社会的总幸福。

*

深度学习中有一个重要的基础概念叫“梯度”。不妨这样理解梯度：梯度是幸福对于诉求的导数。一块地皮如果从绿地变成商场，会使人们的总幸福产生怎样的变化？“梯度下降”就是通过每一次迭代，使总的不幸下降一点，幸福更多一点。

说起人民的利益，很多人理解为绝对水平，比如年收入之类的指标。这样的话往往会把为人民谋利益这件事情理解为一个分配问题。其实人民的利益在本质上是梯度，也就是前面说的幸福对于诉求的导数。人民清楚地知道做什么样的改变会给他的幸福带来怎样的影响。人民需要的不是分多少钱，而是实现诉求、获得幸福。

把为人民谋利益看成是分配问题还是梯度问题，最大的区别在于：分配问题是一个居高临下的姿态——上级决定下级的分配是不需要下级的输入的，下级是没有话语权的；而看成梯度问题则需要去倾听和了解每个节点的梯度，此时每个节点都有了自主感和归属感。老子说：夫唯弗居，是以不去。居高临下的不会持久。每个节点的梯度只有它自己最清楚。

传统上简单的梯度下降是我们每次迭代（改良）都尽可能地循着能使总的幸福增加最快的路径。换句话说，每次迭代（改良）都把那些可以给我们带来短期最大幸福增益的诉求先满足了。但是深层网络要处理的问题是很难的，诉求之间错综复杂[112]，简单的梯度下降是不够的，因为实际上不能保证每次迭代（改良）从长远看都会产生正效果。很多时候梯度在短期看是下降的，但会陷入局部最优；从长期看，改革便陷入了停滞。所以深层网络一般会采用随机梯度下降，也就是说在摸着石头过河的过程中要在不同的路径上做一些大胆尝试。中国特色的改革试点制度可以理解为随机梯度下降的经典范例。

在深度学习建模中最重要的超参数“学习速率”也可以理解为改革的步子是要大一些呢还是小一些，改革的速度是要快一些呢还是慢一些。在改革的过程中，随着情形变化不断地调整步伐是非常重要的。刚开始可以大刀阔斧，等到了改革的深水区，梯度的情况变得很复杂，步子的调整需要更灵活。改革的总设计师其实不一定预先知道下一步应该往哪里走。他最重要的工作是搭建一个能有效地随随机梯度下降迭代的制度框架，最好这个框架还可以自适应地调整学习速率。

当深度神经网络的层次越深，网络可以提取更加复杂的特征模式，理论上来说可以取得越好的效果。但是在实际操作的时候，深层网络会出现退化问题：当网络的深度增加时，网络的准确度出现饱和，甚至出现下降。这从技术上讲是源于梯度消失或者梯度爆炸，在本质上类似于中国历史上在国家治理中面对的规模难点：辽阔的国土、漫长的疆土边界、不平衡发展的区域、多样的文化制度、数以亿万计民众的生计，以及各种自然、人为的灾害和危机。在中国历史上，治理规模一直是困扰执政者的核心问题。

*

人性还处于发展和进化的过程中，所以目前人类曾经建立过的所有制度都是不完善的，作为迷因在思想的客观内容的世界中进化。法律作为最重要的制度，是对人类影响最大的迷因之一。正义准则，或者说优秀的法律，起到的一个作用是像语法规则一样规范人们的行为[113]，从而降低彼此间会意所需要的解码的成本，提高人际网络上的信道的信噪比。信噪比的提升有利于迷因的传播和变异，因此这样的社会较容易在进化中被自然选择。由此可以得出一个推论：有良法的社会容易在自然选择中胜出。良好的法律也是自然选择的结果。[114]

我猜想，在未来，这些规则的结构可能会有很大变化，不是像现在这样类似机器学习中的决策树。未来的法律规则可以是一个更复杂的不断深度学习、迭代进化的系统。有人可能觉得这样的深度学习的法律规则系统会在实践中增加理解上的成本。我相信未来的人们对于深度学习这样的模型结构可以建立起直觉的理解，就好像现在的人们能够直觉地理解正态分布一样。这个世界发展得快，从高斯[115]去世至今还不到两百年。只要幸福梯度的信息可以被充分地反映，也就是说如果可以清楚地知道每一步改变会给每个人的幸福带来怎样的影响，是能够有一种类似深度强化学习的训练神经网络的方法（制度）可以足够好地指引着人们一步一步迭代走向幸福的。

在未来，基于幸福梯度的深度学习网络在本质上是自身具有学习能力的法理的总和。它是一个抽象的法理规则的网络，并不是官僚部门的网络。官僚组织都只是形式，本质上重要的是它们背后的法理和规则。举个例子，车管所的办公大楼和办事官员其实不重要，重要的是车管所遵循和贯彻的法规制度。驾车闯红灯一般是要扣分的，但如果是因为车上有临产孕妇这样的紧急情况呢？靠预设的决策树难以穷尽这些状况，有自我学习能力的深度神经网络将是更好的架构方案。

在未来理想的世界里，每个人、每个群体的幸福梯度（即什么样的改变可以带来幸福）都可以充分地表达。有一个巨大的深度神经网络可以把这些梯度充分地汇总，然后逐层地抽象（比如，有关日本是否可以排放核废水的决定，既是环境保护问题，又是食品安全问题），在每一个层面上找到平衡（比如环境保护和经济发展的关系、日本与邻国的关系）。这样一个巨大的幸福梯度网络不断地迭代（改良）。网络上每一个抽象层里的节点不再是现在意义上的官僚和他们的部门，而是某种更抽象的像计算机程序一样的规则和机制。于是在这个网络中，真正的输入层只来自最底层的每一个人，不再有中间层的官僚的长官意志和徇私舞弊。这样更加简洁和纯粹的网络有点像那个不需要参考人类先验知识就会下围棋的深度强化学习机器阿尔法元（AlphaZero）。这个巨大的网络系统当然还必须是全部开源的，它的每一个构成元素、设计及其背后的原理和动机都是公开的、协作的。

*

幸福的深度神经网络中的隐藏层（或者称为抽象层）有点像埃德蒙·伯克说的“connection”。G. 萨托利在《政党与政党体制》中讲述政党的起源时认为，伯克首先认识到政党有积极的、不可缺少的作用，在历史上使政党的概念超越了宗派的概念。注意伯克用的实际上并不是“党派”这个词，而是connection。萨托利写道：“伯克指出，这是那些服务于‘违反宪法’目的的人一直采取的宣传秘诀，因为只有在一个团体（connection）里，也就是说，只有当人联合在一起，‘他们才能很容易、很快速地传播任何有关邪恶阴谋的警报’。团体实际上是伯克的关键词。‘团体在政治上，’他论证道，‘对彻底履行我们的公共义务是完全必要的。’”[116]注意伯克用的“团体”的英文原文其实也是connection这个词。connection的本意是连接，神经网络中神经元之间的连接也正是connection。当伯克说能很容易、很快速地传播任何有关邪恶阴谋的警报时，他设想的可能更多的是网络中的连接，而不是一个需要有正式的党员资格的政党。[117]

这也有点像互联网社交中的群的概念。在设计群这样的互联产品形态的时候，有一个关键问题是：当人们想要向一个群发起交流（也就是说点什么）的时候，是先产生说话的动机，还是先连接群体里的所有人？按照先产生动机来设计的是成功的微信，按照先建立连接来设计的是失败了的Google+。[118]相应的，伯克说的团体的连接的出发点也应该是某一共同的动机，待到动机实现后群就可以实质性地解散，而不是说非要把一群人一直圈在一起。在这方面，如果是神经网络的结构，便可以通过调节每个连接的权重来自动地反映群的变化。

如果从多元主义来理解团体，萨托利写道："这些团体首先必须是自愿的（而不是隶属性的），其次是非排他的，也就是说，一个人可以参加多个团体——后者是区分多元结构的一个关键性的特征。"神经元的连接是符合多元结构的，而党员制度一般不是。在美国，加入共和党还是民主党只能是二选其一。萨托利说："政党是表达的渠道。这就是说，政党首先且最重要的是表达的手段：它们是工具，是代理机构，通过表达人民的要求而代表他们。"同样的话可以描述幸福梯度的神经网络：神经网络是工具，是代理机构，表达人民的要求。

我们还可以把幸福梯度神经网络中的连接理解为就是未来世界中的广义的媒体。克莱·舍基在《认知盈余》中写道："捆绑在'媒体'这个词身上的诸多概念正在解体。我们需要一种新的针对这个词的概念，一种能摈弃诸如'某种由专业人士创造的供业余人士消费的东西'这样内涵的概念。我个人认为：媒体是社会的连接组织（connective tissue）。"[119]

*

虽然目前深度学习还是一个人们不完全了解的怪兽，终有一天，人们会彻底弄明白其背后的机理，并且将之内化成直觉，到那个时候，它就像一元二次方程求解一样清楚直白。虽然现在我们觉得神经网络的结构理解起来过于复杂，但这也就像五百年前的人们刚听到万有引力定律一样。神经网络的拓扑结构是未来的趋势，因为毕竟人工神经网络是对大脑的生物神经网络的抽象。

当代的票选代议民主实践相当于是通过简单的等权重的二元输入（选他或者不选他）来决定把某个人放到上一层的某个节点中去，期待他接下来可以在这个位置上代理实现该节点的功能。相比起深度学习网络来，两千年前就已经在用的民主算法太简单、太天真。在关于人类协同的程序设计上，我们应该可以做得更好。我认为，民主是一个范式，将来可能会被更好的范式所取代。但是绝对权力绝对是坏的，我们应该尽一切可能避免它。深度学习网络对于幸福而言可能是没有绝对权力的世界的最佳结构。

我们平时最熟悉的组织形式是独断式官僚制。马克斯·韦伯认为它“在形式上也是对人类行使权威的已知最理性的手段。它的精确性、稳定性、纪律的严厉程度，以及它的可靠性，无不优越于任何其他形式。这就有可能使得组织的首脑和有关行动者的行为后果具有相当高的可计算性。它可以高效率、大范围地工作，形式上能够适用于任何一种行政任务。”[120]

韦伯描述的经典的金字塔式的官僚制好像一个行走的机器怪兽，它的中央处理器对机械臂和机械腿的控制是机械的、确定的。但是一个不能学习迭代的系统是难以适应快速变化的未来的。深度学习网络不像纯机械的系统，它的训练学习过程是不确定的，对于参数初始的随机值是敏感的，而且还不能保证全局收敛到最优。这样自身不确定的组织的进化是一个贝叶斯学习过程，也就是前面说的改良和迭代一直是在摸着石头过河。贝叶斯，一言以蔽之，就是根据新的信息、证据、数据，来不断地更新看法、判断、信念。

自我学习的深层网络组织不但不排斥不确定性，相反地还要拥抱不确定性，甚至通过有意识地往组织构造中添加噪声来使组织更健壮。举个例子：近年来在神经网络训练中证明经验有效的dropout算法，正是在训练过程中故意让某些神经元有一定的概率被移除，避免神经元之间的相互依赖，以提高网络的稳定性和泛化能力，防止过拟合。打个比方，通过强制部分员工休假，一方面保证组织在个别的人离开之后一样可以运转，另一方面还锻炼了组织在这些人缺席的时候可以释放出新思维、新状态。这样的组织会更健壮，可以更好地适应未知的未来。

当幸福的深度神经网络取代韦伯所说的官僚制，并且影响到社会的方方面面时，这个社会将不再内卷。幸福的深度神经网络将考虑到每个人的梯度诉求，人们再也不用内卷着向金字塔上层努力——金字塔已经不在了，取而代之的是法理的隐性神经元们。

人人相亲，人人平等，天下为公，是谓大同。

残差

世上的事情可以分为两种：常规的和非常的。

以经济生活为例。经济生活中的大部分是循环流转的，这种生活基本上年复一年地重复地在渠道中流动着——就像血液在生物有机体中循环一样。一百多年前马歇尔就已经指出，“任何工业上的操作如能变为一律，因而完全同样的事情必须一再地以同一方法来做，则这种操作迟早一定要为机械所代替。耽搁和困难是会有的；但是，如果要由机械来做的工作具有足够规模的话，则金钱和发明的能力将被毫不吝惜地用于这种任务，直到成功为止”[121]。现在能看到的大部分的行业和工种，它们在五百年前不曾存在，在五百年后也将不复存在。目前所有低工薪水平、人际交互在其中不起本质作用的工种，渐渐地都将被人工智能取代。而经济生活中的另一小部分则正是熊彼特讲的创造性破坏的过程。[122]它不断地从内部使这个经济结构革命化，不断地破坏旧结构，不断地创造新结构。这个创造性破坏的过程，就是资本主义的本质。这两种经济的增长率之间的差别可以解释《21世纪资本论》书中提出的 $r > g$ 的问题。[123]

在这里我想先讲一个统计概念叫残差。为了方便理解，没有统计学背景的朋友可以这样想：世界中的事物有它们真实的值，我们现在试图通过模型去理解这些事物。真实和模型之间的差就是残差。对于残差的分析是统计分析中重要的工作。在对数据拟合一个统计模型的时候，总是需要预先对数据有一定的假设。仅在数据符合这些假设的时候，应用这个模型才是合理的。当残差符合我们期望的分布的时候，说明我们的模型是合理的；当残差不满足我们的假设检验时，我们就要更深入地理解模型的不足，并且考虑做审慎的调整。

在此我想给残差下一个更广泛的定义：残差是真实的世

界与人们认知的期望之间的差。这里的期望是广义的，既可以指人对未来的期望，也可以指社会对人的期望。天气预报是人的一种期望，真实的天气和预报的天气之间的差是残差。我们期望每个人遵纪守法，但是某些人没有做到。这个人的违法行为和人们关于他会遵纪守法的社会期望之间的差也是一种残差。广义的残差可以告诉我们关于世界的期望是否合适，以及这些期望所基于的一些基本假设是否成立。假设有某个法令特别严苛，几乎所有人在日常都难免不违法，那么残差就会大得有点不像话，于是我们就要怀疑这样的法令本身是否适当，以及我们在立法的时候对人类行为的一些基本假设是否成立。

在常规中，即循环的经济、循环的政府或社会生活中，我们已经有了相当成熟的认知模型，对未来的期望有一个有效的估计。在这种情况下，残差是符合预期分布的。而在另一小部分的非常中，即创造性破坏或者改革中，未来是相当不确定的，我们对世界的认知是在不断进步的，我们构建的模型是在不断变化的。此时的残差常常不满足简单的分布，残差分析就变得格外重要。甚至可以说，作为企业家或者改革者，下一步的决策非常依赖于当下的残差。我们正是根据这一步步的残差，调整自己的方向和步伐，向着未来前行。

*

在官僚制下，组织的架构是层级制的。层层汇报的内容主要是什么呢？如果是前述的常规的循环，汇报是没有多少实质内容的；如果是创造性破坏，那么每天面对的新世界和不断地待修正的认知模型之间的残差中富有的信息正是我们下一步决策所需要仰赖的。此时汇报就非常重要，因为上一级领导需要这些残差中的信息来帮助决策和布局。马奇指出："在有限理性理论中，注意力是一种稀缺的资源。……注意力的配置影响已获得的信息，并因此影响决策。……因此，决策就取决于注意力产生的环境：谁注意什么？在什么时候注意？在决策时，利益相关的决策者可能不在现场，因为他们可能在其他地方；在决策时，由于注意力被其他一些事情所吸引，就可能会忽略某些事情。注意力的配置方式在很大程度上决定着决策产生的方式，'时机'和'动员'也都是其中很重要的问题。"[124]秘书的位置为什么重要？因为他可以影响领导的注意力的方向。作为领导应该有能合理地调配自己的注意力的信息网络。[125] 所以在层级制汇报的时候，需要重点汇报的是残差。

下面我想再讲一个在深层网络学习中非常有效的残差网络（ResNet）。[126] 在此我尽量撇开技术细节，只讨论其主要特征和背后的思想如何可以借鉴到治理中来。残差网络得益于一个技巧，就是残差学习（residual learning）。每一层学习的是残差而不是原始特征，因为残差学习相比原始特征的直接学习更容易，不容易出现退化现象。这和我们刚讲的推论很像：组织中的每一个层级重点看的应该是残差，把残差汇报给上级。可以这样理解：真正影响决策的应该是残差，因为它反映了模型不能描述实际的部分。领导的精力是有限的，如果下级汇报的重点不突出，那么领导未必会把精力放到真正重要的事情上来，也未必会把这重要的事情再全力地向上一级汇报。如果关注的是残差，因为残差的相对大小尺度差别会比真实值来得更明显，领导更容易重视到真实和预期不符的地方，领导的领导也更容易关注到。在残差学习的时候，重要的信息更容易顺着网络的层级传递。

残差网络的另一个重要特点是使用了短路机制（shortcut）。短路机制可以理解为信息的跨层流动，可以无损地传播梯度，也就是说科长有可能越过处长，直接向局长汇报，甚至有可能直接向部长汇报。短路机制的启示是，尤其在残差信息很重要的时候，下级应该有渠道跨级别地反映问题，这样可以确保上级领导获得的是第一手资料，避免官僚制的层层推诿。我们这里讨论得更多的是信息从下而上的传递，是由下级主动往上方提送的。如果仅仅是由上级来建立特殊管道[127]，上级很难预判下面哪些节点会发生大的残差。

残差学习和短路机制可能是帮助解决治理规模问题的办法。举个例子，如果某地发生了重大疫情，那显然是一个很大的残差。如果在传统的上报流程中，把它和其他事项混杂在一起，也许不能够引起上级的充分注意。如果有一个专门的残差网络，通过残差学习的机制反馈上来，领导就更容易注意到事态的严重性。类似短路机制，地方的卫健委如果在疫情发生的时候有渠道和激励跨级向上一级的政府主要领导甚至中央直接汇报呢？请注意这里的短路仅针对重大的残差，日常的行政事务是不需要短路的。当残差有通道可以被无损地反映给上级领导时，那么即使其中某一级别官员不作为或者胡作为，网络系统本身也是稳健的，重大的残差还是可以一路反映到最高决策层。从前无法实现这样的短路机制更多的是因为受到带宽的技术限制，到了带宽不再是问题的今天，组织网络的结构是不是可以重新设计呢？[128]不要小看短路机制，虽然它看起来只是对组织中信息流通结构的一点小调整，但却可能会给组织层级系统带来本质性的改变。[129]在下层内卷着的人，也许是怀才不遇，当他们怀着重大残差的时候可以通过这样的短路机制越过层级，跳出内卷。

*

在今天的互联网社会，模型算法可以根据一个人的性别、职业、年龄等变量来推算出一个人的喜好，类似前文讲的幸福梯度。模型是不准确的，模型的推算和实际之间的差别是残差，也正是一个人最珍贵的、个性化的地方。

内卷化的人们为了一个共同的外部指标去竞争，迷失了个性。我们在这里讨论残差，是要提醒大家重新认识到社会认知模型的局限，认识到每个人的特别，认识到残差反馈的重要。在被社会文化权力结构卷入到内卷的漩涡中时，可以想想自己和这个社会的基础认知模型有哪些格格不入的地方。这些格格不入的残差不应当被忽略——我们应该重视它带来的反馈的价值，修正我们对自己的认知。

剩余控制权和剩余解释权

前面讲到的残差的英文是residual。与之相应的，在经济学中关于所有权有一个重要概念叫“剩余控制权”（residual rights of control）。这个词源自格罗斯曼和奥利弗·哈特的一篇经典论文：“我们的有成本的合同理论强调合同性权利可以分为两种类型：特定权利和剩余权利。当在合同中列明对资产的所有特定权利有高昂的成本时，让一方购入所有剩余权利就是最优的。所有权就是所购买的所有这些剩余权。”[130]

奥利弗·哈特在《不完全合同、产权和企业理论》中描述的“在合同中具体涉及的权利之外的所有权利”[131]，是不是很像前面我们讲的残差？不完全合同理论从剩余所有权的角度来理解产权。在这个分析框架中，一个企业即是一组资产的集合，而资产所有者拥有这些资产的剩余控制权。产权不是指收入或其他资产的剩余索取权，而是指资产使用的剩余控制权。[132]

企业是一系列合同的集合。[133]合同不可能列明所有的事项，合同之外的事权由谁来决定，谁就拥有了剩余控制权。尤其在非完全市场经济的情况下，剩余控制权和股权、分红权等可能是不一致的。现在随着共享经济等兴起，使用权和所有权剥离了，同股不同权的情形也越来越多。所有权的核心是看谁拥有在合同规则之外的剩余控制权。周雪光在《中国国家治理的逻辑》中把剩余控制权理论的视角从经济学领域延伸到社会学领域，从剩余控制权来理解中国的治理模型。[134]他指出："组织内部各种控制权的分配形式因不同情形和不同领域而异；控制权在委托方、管理方和代理方之间的不同分配方式导致各有鲜明特点的治理模式。"[135]

当企业在循环经济中按部就班地运转的时候，模型（此处是构成企业的各种合约）能比较好地符合真实运转情况，此时残差服从比较正常的分布，剩余控制权相对来说也不那么重要。而当企业从事创造性破坏的时候，残差分析直接影响企业的下一步决策，这时候谁掌握着剩余控制权就是企业生死攸关的事情了。同样的，在循环的政府治理或社会生活中，剩余控制权也相对不那么重要。而在循环之外改革的时候，谁掌握着剩余控制权，对于社会和人民就有莫大的关系了。我在《治理的逻辑：事权与财权的分立》一书中区分了事权和财权，提出事权和财权应该分立。剩余控制权既可以依控制权理解为事权，又可以作为所有权理解为财权，有点像爱因斯坦的质能方程。

当前的公司法制度往往把公司的剩余控制权在实质上交托给了创始人，并且经常传给了创始人家族的继承人。我的问题是，剩余控制权应该在个别人的手里吗？

*

当我们从视角 2 来思考，剩余控制权从视角 2 看来就是剩余解释权。举个例子，任何一本书都不能把道理解释得巨细无遗，这时候谁有剩余解释权，继续解释书里没有讲透的地方呢？显然作者拥有很大的剩余解释权，但不是独享的。熊彼特写过："因为书籍如同孩子们一样，一旦离开了父母亲的家，就成为独立的人。它们过着它们自己的生活，而作者也有他们自己的生活。去干预那些离开了家的局外人，将会是不恰当的。"[136] 任何一本书自从出版起便成了社会整体迷因的一部分，没有理由再是作者的专属。即使是一个理论的开创者，他也不能拥有完全的剩余解释权，正如他作为一个人并不可能拥有完全的理性。

如果一个人或者组织拥有了全部的剩余解释权，那么世界的文明就会像西方中世纪时一样长期停滞不前，因为迷因的进化被抑制了。在中世纪的欧洲，教会垄断着知识，法律公开肯定阶级和等级不平等，很少的头脑可以真正参与到迷因的进化过程中来。在类似宗教裁判所的高压之下，选择操作也非常拘谨。因此在漫长的岁月里，迷因的变异很少，社会陷入了千年的黑暗和愚昧。而之后文艺复兴、宗教改革、启蒙运动，都极大地增加了参与迷因进化的物种数量和进化的变异概率。全球化的进程创造了更丰富的交叉操作的可能，而天赋人权也使得在选择操作阶段更丰富的物种得以保留，由此涌现了无数新的科学发现、发明创造和艺术创作。马丁·路德的新教革命最大的意义正是在于他提出的“因信称义”打破了教会的剩余解释权。

如果我们真的相信每个人的人生都可以有自己的意义，如阿德勒所言“有多少人类，就有多少意义”，那么关于剩余解释权的答案也就很明确了。任何人都没有能力来帮人们解释他们自己尚无法解释的意义。最简单的原因是，人实在太多了呀。

*

剩余解释权不能被某些人独享。再回头来看剩余控制权。自从君主立宪制确立以来，关于君主不应该拥有全部的剩余控制权，大家已经有共识。现在的英国女王虽然是国家元首，但是她没有剩余控制权。君主立宪制最重要的实际上就是分走了国王的剩余控制权。1215 年英国的《大宪章》规定了国王征税必须得到“全国人民的一致同意”，意即需要获得贵族会议通过；贵族与教会的权力不受国王侵犯；全体自由民享有自由权。特别的是，“若不经合法裁决和本国法律的审判，不得将任何人逮捕监禁、不得剥夺其财产、不得宣布其不受法律保护、不得处死、不得施加任何折磨，也不得命我等群起而攻之和肆意讨伐”。《大宪章》的历史意义是有争议的，有人说它是划时代的人权宣言，也有人说它仅代表了封建贵族的意志。我认为不争的事实是，它打破了国王对剩余控制权的垄断，在这一点上意义非凡。

那么企业呢？企业合同没有列明的事项，应该由谁做主呢？我在《治理的逻辑》中写过关于股东主导模式和利益相关者模式的辩论，其实不妨这样来解：首先是关乎利益相关者的对错问题，有些事情是不能做的，有些底线是不能过的。这些对错问题可以从数学上理解为优化问题的边界条件限定。其次才是关于股东的利益最大化，在数学上是给定边界条件下的优化求解。在合同范围之内，企业应该按合同的约定最大化股东的利益。当遇到合同之外的非常情况，应对的时候应该考虑到所有的利益相关者。所有的利益相关者取极限就是人民。[137]剩余控制权要为人民服务，那么它该归谁呢？我的答案是前面讲到的巨大的优化幸福的深度神经网络法理模型。

在未来理想的世界里，没有人或者组织可以独占剩余控制权和剩余解释权。每个人都有权解释他自己的人生，每个人也都可以对世界提出他的解释。他们不必担心因为给出解释而被弹压。法理之外的剩余控制权不再落在某一个人的手里。不仅社会没有独裁者，甚至企业也不再是现在的样子。企业仍然是一系列合同的集合，但是企业的相关合同规定之外的控制权不再把握在个别的企业主手中。企业的剩余控制权属于一个巨大的、抽象的、程序化的优化幸福的深度学习法理网络。企业主和股东依然有他们按照合同约定好的股权和决策权；但是当遇到合同明确定义之外的情形，企业的逻辑是按照深度学习的法理网络的指引去增益人类的幸福。

*

回到内卷。对于内卷的抱怨往往是因为它所带来的消耗是额外的。如果是分内事，大家就没有那么多的怨言了。职场上抱怨的加班是分外的，教育上抱怨的也是为了应试而花费的相比正常预期的学习时间来说额外的付出。

总而言之，内卷抱怨的是合同或者隐式合同之外的精力耗费，也正是我们刚才说的剩余。为什么在职场上会有内卷式加班呢？加班是在合同规定之外的事情，内卷式加班正是因为合同之外的剩余控制权在领导或者企业主的手里。

当剩余控制权遵循法理的深度神经网络，不再听从个别人的利益和意志，法理会引导人们避开内卷，走向幸福。

*

企业主或者领导也并不是存心要员工去内卷的。其实他自己也是被外部指标牵引的，也是在内卷的。结果就是内卷的领导带出了内卷的员工。

当企业以最大化利润作为终极目标，或者以最大化市场占有率之类的指标作为阶段性目标的时候，企业比较容易发生内卷。因为如果缺乏创新，仅以这些指标为目的，容易沦于零和游戏中的过度竞争。

我在《有温度的资本论》中写过，企业的目的，或者说商业的本质，是服务。马克思在《哲学的贫困：答蒲鲁东先生的〈贫困的哲学〉》中写道："竞争就是追逐利润的竞赛。工业竞赛必然是追求利润的竞赛即竞争吗？蒲鲁东先生用肯定来证明这一点。我们已经看到，蒲鲁东先生认为，肯定就是证明，正如假定就是否定一样。如果说求爱者热衷的直接对象是妇女，那么，工业竞赛的直接对象就是产品，而不是利润。竞争不是工业竞赛而是商业竞赛。在我们这个时代，工业竞赛只是为了商业而存在。在现代各民族的经济生活中，甚至还有一些阶段，所有的人都患了一种不从事生产而专谋利润的狂热病。这种周期性的投机狂热，暴露出竞争竭力逃避工业竞赛的必然性的真正性质。"[138] 马克思指出的是，本来应该是重视生产、重视产品，却变成了不重视产品而专谋利润，最终会导向不顾产品、专注利润的垄断。

当企业以产品创新和提升服务为目标时，就不太容易发生内卷，因为产品创新和服务提升带来的是增量市场。而且更重要的是，在产品创新的过程中，随之而来的是人自身的提升。近年来人们常常讨论"匠人精神"。匠人们在一件看起来不大的事上投入了巨大的甚至是一生的精力，但是他们内卷了吗？没有。虽然他们同样是在精益求精，但是他们的精益求精不是在重复地旋转，而是在不断地优化进步。《寿司之神》中，主人公小野二郎的学徒在练习了十年之后才有资格开始学习煎蛋，单是煎蛋又练习了四个月，在两百多次的失败之后做出了一个合格品。两百次的量变最终带来质变的，不仅是蛋，更重要的是人。

卡理斯玛的黄昏

卡理斯玛是charisma这个词的音译，在一些书中也意译为超凡魅力。但是超凡魅力这个词容易给读者一些错误的暗示。在被商业社会规训所谓“颜值即正义”的今天，我们说到超凡魅力的时候，首先想到的往往是面部符合黄金分割的乔治·克鲁尼，或者切·格瓦拉帅气的贝雷帽。我倾向用听起来更抽象的“卡理斯玛”，但因为有些译文中用“超凡魅力”，在本书中我对这两个词将不加区分地交替使用。

卡理斯玛是德国社会学家马克斯·韦伯提出的一个重要概念。韦伯写道：“从原则上说，内在的理据——即基本的正当支配类型——有三。首先，是‘永恒的昨日’的权威，即通过源头渺不可及的古人的承认和人们的习于遵从，而被神圣化了的习俗的权威。昔日的家族长制和世袭君主所实行的，就是这种‘传统的’支配。还有一种不同寻常的个人神崇（我称之为‘超凡魅力’）型的权威，它来自极端的个人献身精神，个人对救赎、对英雄业绩的信念，或其他一些个人领袖的素质。这种‘超凡魅力型’的支配，由先知们实行，在政治领域，则是由推举产生的战争头领、靠民众直接认可而当政的统治者、伟大的群众煽动家或政党领袖所实行。最后，是依靠‘法制’，依靠对法律条款之有效性和客观性‘功能’的信任而实行的支配；这些法律，则是以理性方式建立的规则为基础的。在这种情况下，凡是合乎法规的职责履行，都可望得到服从。实行这种支配的，是近代的‘国家官吏’，以及所有那些在这方面同他类似的权力拥有者。”[139]

传统的支配类型对应着家长制，法理的支配类型对应着官僚制。韦伯在《经济与社会》中写道：“一种支配结构中受到理性调节的联合体，在官僚制那里可以看到它的典型体现。由传统所规定的社会行动，在家长制那里有着典型表现。超凡魅力支配结构则依赖于个人的权威，而这种权威的基础既非理性规则，亦非传统。”[140]

中国几千年的封建王朝可以理解为君主官僚制，皇权与官僚权力并存，双重权力治国，其中皇权或君权是最高权力，而官僚体制为皇权提供了组织基础和治理工具。[141]官僚权力可以归为法理型的官僚制，而皇权则兼有传统的家族长制和卡理斯玛。周雪光在《中国国家治理的逻辑》中指出：“皇权建立在传统权威与卡理斯玛权威兼而有之的合法性基础之上，即一方面来自传统权威的祖宗之法，另一方面来自君权天授的卡理斯玛权威，体现在德治天下。”[142]

*

传统和官僚制适合处理常规的问题，而卡理斯玛适合应对非常的时期。

官僚制下的人循规蹈矩地处理常规问题，但是没有能力超越现有的职责范围去应对非常问题。孔飞力在《叫魂》中写道：“官僚思维的基本倾向是把所有的政治问题化约为行政问题。……官僚没有能力超越他们‘有限的社会眼界’和理性化的工作范围，去认识发生在更大的政治世界中的非理性的利益冲突。”[143] 韦伯写道：“家长在日常生活事务中是天然的领袖。在这方面，官僚制仅仅是家长制的理性对应物。官僚制也是一种恒定结构，它有自己的理性规则体系，它的取向是以普通的寻常手段满足可以计算的需求。一切超常的需求，即超越了日常经济轨道的需求，始终都要以一种完全异质的方式——在超凡魅力基础上——加以满足。我们越是回溯历史，这一点就越是突出，其中的含义如下：只要出现危难局面，不论那是生理的、心理的、经济的、伦理的、宗教的还是政治的危难局面，此时的‘天然’领袖就既不是被任命的官员，也不是现代意义上的‘职业人’（即在训练有素的特殊专长基础上从事一种‘职业’以获取报酬的人），而是肉体与灵魂都具有特殊天赋，被认为是‘超自然’的人（意思是这些天赋并非人人可以企及）。”[144]

当传统和法理都无法应对新的未知的时候，卡理斯玛便涌现了。他受任于败军之际，奉命于危难之间。

卡理斯玛的核心素质是他有能够发现世界的奇迹的眼睛，

就好像柏拉图“穴喻”中那个回身看见了太阳的人。借用韦伯的表述：“不知各位是否记得柏拉图《理想国》第七卷开头处那段奇妙的描述：那些被铁链锁着的岩洞里的人，他们面向身前的岩壁，身后是他们无法看到的光源。他们只注视着光线透在岩石上的影子，并试图发现这些影子之间的关系，直到有个人挣脱了脚镣，回身看到了太阳。他在目眩中四处摸索，结结巴巴地讲出了他的所见。别人都说他疯了。但是他逐渐适应了注视光明，此后他的任务便是爬回岩洞的囚徒那儿，率领他们回到光明之中。”[145] 韦伯做这个比喻的时候是在说献身科学：“这是一位哲人，太阳则代表着科学真理，唯有这样的真理，才不理会幻觉和影子，努力达到真正的存在。”[146] 我在这里不仅指科学。太阳可以代表一切真理，或者说世界的奇迹；回身看见太阳的人可以是各种卡理斯玛，包括宗教的、政治的，等等。

卡理斯玛并不需要像耶稣那样以在水上行走的超能力来证明自己是一个奇迹。

卡理斯玛看见了他人没有看见的世界的奇迹，然后他的任务就是结结巴巴地把这些奇迹讲述给人们听。他领导人们，就像一个独眼人带领一群瞎子前行。人们对于卡理斯玛的信仰是因为相信他在真诚地讲述一个只有他看到了的奇迹。不仅是宗教的卡理斯玛，政治的、军事的、商业的卡理斯玛也是一样的。当毛泽东说人民解放战争必然取得胜利，人民相信他是真诚的；当埃隆·马斯克讲述电动智能汽车和火星移民的奇迹，人们相信他是真诚的。卡理斯玛必须能看见可能的不可能，才成为卡理斯玛。

很多卡理斯玛有把自己的权力、声望、功绩、作品延续下去的渴望。韦伯写道："因此，正是在某种特殊意义上说，超凡魅力统治权的纯粹类型是不稳定的，它的一切改变基本上都是出自同一个原因：渴望把超凡魅力及超凡魅力降福从一种非常时刻、非常人物独一无二的临时恩赐转变为持久的日常财富。主宰者一般都有这种渴望，他的门徒则始终会抱有这种渴望，他的超凡魅力臣民尤其会抱有这种渴望。但是，这将不可避免地改变超凡魅力结构的性质。一个战争领袖的超凡魅力追随者可能会变成一个国家，一个先知、艺术家、哲学家、道德或科学革新家的超凡魅力共同体可能会变成一个教会、教派、学院或学派，而信奉某些文化理想的超凡魅力群体可能会发展为一个政党或者仅仅成为报纸期刊的雇员。无论是哪种情况，超凡魅力此后都将受到日常生活条件的左右，以及支配着日常生活的各种力量，特别是经济利益集团的左右。”[147]

然而，卡理斯玛是非常个性化的，他只有通过去个性化才有可能延续。韦伯写道：“最为常见的超凡魅力去个性化情形，就是相信它可以通过血缘关系得到传递。由此，门徒或追随者以及超凡魅力臣民永葆超凡魅力的愿望，也就以最简单的方式得到了满足。”[148]但是，卡理斯玛的素质不是通过血亲就能遗传的，不是说“白头山的传人”就是天然的卡理斯玛。卡理斯玛是一群瞎子中的独眼人，而独眼的特征不是能靠基因遗传的。在历史上，君主可以为太子提供特殊的教育资源：太子太傅一般挑选国家里最德才兼备的人担任；皇家有最大的藏书量，比如《四库全书》。那时候，太子还可以有相当的信息获取方面的优势。但是在互联网信息时代的今天，教育和信息资源的独享已经不太可能。在当代，任何一个不封闭、不搞愚民的国家里，如果卡理斯玛想指定把自己的儿子培养成卡理斯玛，几乎是不可能的。[149]

韦伯又写道："对于超凡魅力领导权来说，如果它还打算变成一种长期制度的话，首要的基本问题也是寻找一个继承人作为先知、英雄、导师或者政党领袖。这个问题必然会将超凡魅力导入法律调整和传统的方向。超凡魅力的性质决定了不可能一开始就对继承人进行自由选举，而只是承认递补者实际上拥有超凡魅力。因此，追随者不得不等待一个亲自证明了具备了资格的继承人、临时代表或者先知的显现。"[150] 成为卡理斯玛这个事实是后验的，不是先验的。人们常说"事后诸葛亮"，其实只有在火烧博望坡发生之后才能识出诸葛亮是真卧龙。卡理斯玛是很难在事先识别的。我们有时候会发现某个人貌似具有卡理斯玛的某些表面特征，但是他依然大概率不是我们希望的卡理斯玛领袖，因为真正伟大的卡理斯玛是极少的。如詹姆斯·马奇写过："我们经常这样描述伟大的领导者：有冲劲、有远见、有想象力、有创造力，能够通过大胆的新想法改造组织。当然，回顾起来，我们有时会发现这样的异端就是大胆而必要的变革的奠基人，但是异端往往只是疯狂的，大部分大胆的新想法是愚蠢的或者危险的，会被恰当地否决或者忽略。所以，尽管伟大的天才也许往往真是异端，但是异端则很少是伟大的天才。如果我们能够认出那些原本是天才的异端，那么生活就会容易很多。有很多证据表明我们不能。”[151]

我在这里否定继承，但是不排除另一种可能——禅让。实际上，禅让是卡理斯玛的一种合理的传接方式。中国历史上一直盛赞尧、舜和他们之间的禅让。近代历史上比如曾国藩和李鸿章之间也可以算是禅让。曾李之间不是继承，因为他们虽然有师生情谊，但李鸿章的淮军基本上是在曾国藩的湘军之外独立建立起来的。禅让和继承最大的区别在于：继承是先验的，预先指定好继承人；禅让是后验的，从实践中涌现出来新的卡理斯玛。

但是，禅让是可遇不可求的。且不说禅让者高风亮节，当时还得恰好有一个新的卡理斯玛涌现出来。卡理斯玛是涌现出的，不是旁人造的。他的降世是不可预期的。

卡理斯玛的另一种去个性化的方式是与传统权力的彼此融合。韦伯写道：“只要超凡魅力支配丧失了个人基础和强烈的情绪化信仰（这种信仰使它有别于传统的日常生活模式），它与传统的联姻就会变得极为明显，而且往往是唯一的选择，特别是组织技术的理性化仍然处在初期阶段的时候。超凡魅力的精髓在这种联姻中似乎会被明确抛弃，实际上它的突出的革命性质尤其会遭到明确抛弃。这种不断再现的发展有一个基本特征：所有经济与社会权力的所有者都会关心把他们凭借超凡魅力——因而是神圣的——权威来源而获得的所有权加以合法化，于是超凡魅力便成了这种关切的俘虏。超凡魅力不再像初生状态下那样打破传统的一切，或者打破以（现代意义上的）合法获利为基础的一切，而是变成了'既得权利'的合法化。这种与其实际精神发生了异化的功能，使得超凡魅力变成了日常生活的一部分，因为它要以这种方式去满足的需求乃是一些普遍的需求，特别是因为有一个普遍的原因（即领导权与继承的合法化）。"[152]

卡理斯玛本来是如韦伯所言，"的确是历史上特别富有创造性的革命力量"[153]，一旦通过程式化和传统联姻，它不仅丧失了神圣性，也便丧失了创造性和革命性。走到了革命力量的反面的卡理斯玛，严格地来说已经不再是卡理斯玛了。

卡理斯玛在当今社会里最具现实意义的试图延续的方式是它和法理型的官僚制的结合。从韦伯去世的1920年至今，世界上许多国家发生了翻天覆地的变化，传统的家族长制在当代社会中越来越不是主流。

当代社会中常见的是法理型权威和卡理斯玛权威的混合，或者说是卡理斯玛加官僚制。周雪光在《中国国家治理的逻辑》中写道："依韦伯的三个权威类型而察之，我以为，当代中国国家的合法性建立在以法理权威为表、但更多地表现出卡理斯玛权威为实的混合型基础之上。法理权威与卡理斯玛权威混合兼容的合法性基础在当代社会时常可见。"[154]

*

但是，卡理斯玛和法理相结合的时候面临着两个基本挑战：卡理斯玛不应该独占剩余控制权和剩余解释权，卡理斯玛不适应幸福梯度深层网络。

剩余解释权对于卡理斯玛非常重要。周雪光指出："卡理斯玛权威建立在追随者对其超凡禀赋的信仰之上；不难理解，任何挑战卡理斯玛权威的话语都会弱化甚至瓦解其合法性基础，因此话语垄断权是维系卡理斯玛权威的关键所在。”[155] 我在前面讨论了剩余解释权和剩余控制权不应被个别的人或者组织独占，在此不赘述。

我在此想讨论的问题是，卡理斯玛不太适合前面说到的幸福梯度深层网络。

卡理斯玛作为最重要的决策者，当然是坐在网络的顶端位置。在训练深层神经网络的时候，有一项最重要的技术叫反向传播。反向传播算法允许来自代价函数的信息通过网络向后流动，以便计算梯度。[156] 如果要有效地反向传播，需要卡理斯玛把梯度信息反向传导出来。换句话说，卡理斯玛需要把他的权衡和考量传导给下层，然后下层才能再往下传导。

问题是卡理斯玛天然就是神秘的，他的超凡魅力来自他的神秘。卡理斯玛最合适的角色是那个超凡的先知，他不需要别人知道他怎么想，也不能让别人知道他怎么想。如果他是透明的、规则化的、可预期的，那么他就不再是那个不同寻常的个人神崇。电视剧《王冠》里菲利普亲王请了纪录片团队来拍摄王室的日常，想展示亲民的一面，结果发现效果适得其反。民众宁可皇室保持神秘也不想让其走下神坛。所以卡理斯玛一般是不能把自己的梯度往下传导的。事实上卡理斯玛是计算的终点，从他传出来的只有结论性的指令。换成是去个性化的法理型的官僚制，其中的反向传播就不会有这样的问题。

卡理斯玛在非常时期比其他人看得远、懂得多。他只需要打一个响指，说“走，天竺”，追随者们就自动跟着他前行。但是问题在于这样的先知很难在常规时期通过深层网络去理解人民的梯度然后最大化幸福。卡理斯玛和他的追随者也可能有从上至下的多层网络，但是他们的网络是一个基于信仰的忠诚的网络。因为在这个网络中只有从上至下的单方向重要，所以网络中尤其重视忠诚度。随着时间的推移，忠诚度高的节点会把忠诚度低的替代掉，最终网络的整体忠诚度都相当高。卡理斯玛的网络的节点更像是一个“门”的结构，只有真或假两个值：要么信仰和跟随卡理斯玛，要么不信不跟。这样的话，信仰和忠诚经过多层传导之后也不会有梯度消失的问题。

卡理斯玛的忠诚网络是不需要计算梯度的，所以卡理斯玛天生欠缺的是计算梯度的能力。官僚制在智能和见识上是平等的，而卡理斯玛是高人一筹的。卡理斯玛有证明自己的确是神谴的主宰者的义务，于是在卡理斯玛的治下，一般是不去问每个节点获取它们各自的梯度的，而是从上至下地指定梯度。李侃如的《治理中国：从革命到改革》中有个例子："例如，许多农民在防洪方面有直接利益，领导者就设立一个专门机构（多年来其名称不断变化，但一般来说它被称作水利局），其主要任务之一是进一步发展防洪体系。人们期望该机构努力奋斗，以维护和扩大政府在防洪领域的工作，而且从这个意义上来讲，农民在防洪中的利益'体现'在了这个体制中。只有领导者有权决定什么是农民和其他组织的'真正'利益所在，从而设立合适的官方机构并为其分派合适的人物。"[157] 有一种冷叫"你妈觉得你冷"。卡理斯玛就像你妈一样，不管你自己觉得冷不冷，都得让你把秋裤给穿上。

这样的指定梯度当然极大地简化了模型参数估计的难度，但问题是纵然卡理斯玛有着超凡的能力，他也不可能有足够的算力来精确地决定和及时地更新所有的梯度。于是在这个网络中，权重的参数调整对于数据的变化不敏感，随着世界的不断发展，这个网络可能变得僵化甚至完全不适应，然后就失控了。

在一些应用实践比如量化投资中，可以区分两种能力：一种能力是建模能力，另一种能力是工程能力。工程能力更多的是一种技术能力，比方说是否可以把程序代码最高效地实现，数据实现最快的存取，网络速度优化到极致，有效的多节点协同计算，等等。而建模能力更多的是一种认知能力，在世界的运转方式、事物的内在联系上有超人的洞见。相比起来，卡理斯玛强在建模能力，对世界的本质有更深刻的认知；但是他的短板在于他毕竟只是个人。非人格化的法理型的官僚制强在工程能力，擅长组织大规模的协调合作。反向传播计算梯度和随机梯度下降的迭代需要大量的步骤和时间，适合常规时期的小幅调优；在非常时期比如战争年代，则需要瞬时的决策和坚决的执行，就不适合再去查询每个节点的梯度了，此时更需要卡理斯玛的坚强领导。

卡理斯玛可以领导人们赢得胜利，但他不擅长带领人民走向幸福。卡理斯玛的基本特征决定了它只适合于非常时期和革命年代。所以在卡理斯玛的话语体系里，我们会发现“胜利”“战役”“牺牲”这些词会相对更经常地出现。另外，由于卡理斯玛的类宗教性质的恩典，“感恩”这些词也会相对更经常地出现。

非常时期可以高效行动的卡理斯玛，到了常规的环境下往往难有作为。常规环境下更合适的是去人格化的法理制度。举个例子，丘吉尔是20世纪最大的卡理斯玛之一。他在二战中领导英国取得胜利，但随即便在1945年的大选中随着保守党的失势而下台。这不是人民忘恩负义，而是他们清楚地认识到，虽然战争年代更需要丘吉尔这样的卡理斯玛，但到了和平年代，还是工党当时更亲民务实的战后改革方案更具吸引力。卡理斯玛适合战时这样的非常时期，常规的和平年代需要不同的体制。丘吉尔在1951年再度执政是后话了。

美国前国防部部长拉姆斯菲尔德在回忆录《已知与未知》中讨论了已知的已知、未知的已知、已知的未知、未知的未知四个象限。[158] 对于已知的已知，我们可以依赖法理和规则；对于已知的未知，也就是说虽然具体的值是未知的，但是概率分布是已知的，可以用统计决策理论。当面临最可怕的未知的未知的时候，我们该怎么办呢？

很多人寄望于卡理斯玛的拯救。如果我们都是瞎子，能有一个独眼的卡理斯玛来带领我们走出黑暗，那多好啊！当遇到非常问题的时候，我们是否只能期盼天赋异禀的卡理斯玛身披金甲圣衣、脚踏七色云彩出现呢？

人们期盼卡理斯玛，在很大程度上是因为愿意相信神话。在卡理斯玛的神话下面，是更大的“人类举足轻重”的神话。詹姆斯·马奇在《经验的疆界》中讲到人类建构故事的四大主题，而“这些神话，很多下面隐藏着一个更大的神话：人类举足轻重，也就是，人类可以通过个体的或集体的智慧行动影响历史进程，让历史按照对自己有利的方向发展。这样的神话，既是一种信仰，又是经验诠释的基础。……因为相信‘人类举足轻重’，所以人们倾向于把历史事件归功于或者归咎于人类意愿，进而慷慨地或残忍地对待领导者。国民幸福的功劳、国民不幸的责任被归到政党和政治家的身上，股价上涨的功劳、股价下跌的责任被归到公司管理者的身上，社会项目取悦公众的功劳、社会项目惹怒公众的责任被归到政治领导者或政府机构管理者的身上，只有领导者才配受崇拜、受谴责。这样归功论责，即使存在理清因果关系的机会，也会被‘人类举足轻重’的信念抹杀”[159]。

“人类举足轻重”的神话带来的乐观主义本身驱动了人类的进步，但是如果带来错误的归因则往往不是好事。中国股民每到股市下跌的时候就会把矛头指向证监会主席。其实股市受多重因素影响，而且有很大的随机性，证监会主席对于股市的涨跌并没有多少具体的功劳或者责任。但是人们还是过度地相信“人类举足轻重”，一定要把涨跌归因到某个具体的人的决策。

文学和影视作品也总是渲染个人英雄主义。这一方面是“无巧不成书”，另一方面是所谓故事的“最大可理解复杂性”。马奇说的“最大可理解复杂性”是指：“一方面，故事和模型必须精妙复杂到显得有趣并彰显人类智慧。另外一方面，故事和模型必须简单到足以让人理解。”[160]作为小说和剧本，如果只是追求观赏性自然无妨，但是人们常常把假戏当作真，把这些艺术化了的文本不假思索地当成真实的可借鉴的经验。就好像言情小说读了太多的女生不切实际地期待王子降临，人们也往往不切实际地期待钢铁侠一般的卡理斯玛来拯救世界。

人们常常也高估了卡理斯玛的道德性。对于大多数的卡理斯玛来说，道德不是他的出发点，他成为卡理斯玛更多是因为“原力觉醒”。如尼采所言，天才的卡理斯玛是因为“汹涌的力过强”，他不由自主地像江河决堤一样奔腾、泛滥：“天才——创作天才和行动天才——必然是一个挥霍者，耗费自己便是他的伟大之处……自我保存的本能似乎束之高阁；汹涌的力的过强压迫禁止他有任何这种照料和审慎。人们把这叫作‘牺牲精神’；人们赞美他的‘英雄主义’，他对自身利益的漠不关心，他的献身于一个理想、一个事业、一个祖国：全都是误解……他奔腾，他泛滥，他消耗自己，他不爱惜自己——命定地，充满厄运地，不由自主地，就像江河决堤是不由自主的一样。但是，由于人们在这种易爆物身上受惠甚多，所以他们也多多回赠，例如赠予一种高尚的道德……这诚然是人类感恩的方式：他们误解他们的恩人。”[161]人们由于从卡理斯玛的作为中受惠甚多，而回赠他一种高尚的道德。

因为卡理斯玛根据其定义本身就是超凡的，所以它也很难和凡俗的经济生活相兼容。健康的市场需要能够建立合理的预期，而合理的预期意味着监管需要通过官僚体制和依据法理。在这样的经济社会中，假设运转正常的话，卡理斯玛是没有存在感的。韦伯写道："在信徒们看来，保持真正的英雄品质和神圣性就要依赖于保持一种共产主义的基础，不存求取个人财产之心。准确地说，由于超凡魅力基本上是一种非同寻常的、因而必然是一种非经济的力量，那么，一俟日常的经济关切占了主导地位，其生命力即刻就会受到威胁，这种情况可谓屡见不鲜。"[162]

我想说的是，在这个世界里，卡理斯玛被系统性地高估了。换句话说，其实这个世界没有我们以为的那样需要卡理斯玛。

卡理斯玛所独有的看到的奇迹可以是史无前例的，他由此指引的道路可以说是具有神性的，如韦伯言："就其最强有力的形式而言，超凡魅力却会同时打破理性规则与传统、颠覆一切神圣性概念；它不是要人们崇敬悠久而神圣的习俗，而是迫使人们由衷地服从那些史无前例、绝对独一无二、因此是神性的事物。”[163]

但是，卡理斯玛自身不是神。卡理斯玛不是全知全能的，他的心力是有限的。卡理斯玛的确比其他人看得远、懂得多。但是他也有局限。他看得远、懂得多只是在和志业相关的方面，并不是在所有的事情上。他所看见的奇迹及后来的成就总是属于某一项志业。但是志业是有寿命或者周期的。一般来说，志业有可以通过半生努力取得一些主要成就的目标，因为人们一般只选择那些在有生之年有可能看得见成绩的事情作为志业。如果一个志业的目标无限遥远，无法产生成就感，那么即使卡理斯玛有愚公精神，也极少会吸引到追随者。宏大的事业在历史进程中一般是螺旋式上升的，某位卡理斯玛往往只属于其中的一个螺旋周期，而到了下一个周期，会涌现出新的卡理斯玛。这有点像在不同的股市周期中会涌现出不同的大牛股。

韦伯写道："超凡魅力英雄的权威并不像官职权限那样来自既定的秩序和法规，也不像家长制那样来自习俗和封建效忠。他仅仅凭借在实践中证明他的力量，以此获得并保持权威。如果他想成为一个先知，他就必须创造一些奇迹。如果他想成为一个战争头领，他就必须表现出一些英雄业绩。"[164] 通过不断地创造奇迹来长期维持权威是件困难的事情，因为奇迹根据其定义就一定是小概率事件，除了非凡的技巧，总还是需要相当的运气。有些卡理斯玛为了自己的权力、地位可以延续，妄图通过篡改历史来标明自己永远是正确的。就如乔治·奥威尔在《1984》中所写的："所有历史事件就像写在一张可以擦去重写的羊皮纸上。只要有这个必要，就会立刻把原文擦得一干二净，重新书写。因此只要这么做，就绝没有可能证明有错误的存在。"[165] 在未来，当通过区块链等技术手段使得做过的事无法被抹去，当历史是一面明亮的镜子，卡理斯玛便不再可能伪造奇迹，而真实的连续发生的奇迹只有极小概率。

*

卡理斯玛不是永恒的。他可以如日中天，但是终有黄昏的时候，他该怎么办呢？

我的答案是，卡理斯玛的黄昏就应该像老子说的，“功成、名遂、身退，天之道也”。韦伯写道：“超凡魅力一旦进入了恒定的社会行动结构，它在面对传统势力或者理性联合体的势力时就会逐渐淡出，这就是它的命运。超凡魅力的这种衰落，一般都表明了个人行动的重要性在趋于萎缩。”[166] 李白说：“事了拂衣去，深藏身与名。”

在未来理想的世界里，没有现在意义上的卡理斯玛，也没有现在意义上的官僚制。法理不再是现在这样的制度条款，而是一个巨大的深度强化学习机器。整个世界是平层的，再也没有“王”，所有人被平等地作为这个深度强化学习网络的输入。这样的统治天然是合法的。《老子》说：“太上，不知有之；其次，亲而誉之；其次，畏之；其次，侮之。信不足焉，有不信焉。悠兮其贵言。功成事遂，百姓皆谓：‘我自然。’”最好的统治者是那种不刷存在感的。如果他的诚信不够，百姓自然不会信他。最好的统治者不会轻易发号施令。当功业成就的时候，百姓都说：我们本来自己如此。

金庸说:“人生就该大闹一场,悄然离去。”太史公曰:“古者富贵而名摩灭,不可胜记,惟倜傥非常之人称焉。”卡理斯玛的一生倜傥非常,在“大闹”了一场之后,到了黄昏,悄然离去是最好的。

*

当人们说起内卷的时候,也许会想到《甄嬛传》。甄嬛和其他的皇后妃嫔们在整部剧里卷得天昏地暗、你死我活。她们为什么这样卷呢?其实是因为存在着卡理斯玛般的皇帝。从《甄嬛传》的雍正到《延禧攻略》的乾隆,这些卡理斯玛们就像前面说过的物理学上的黑洞。黑洞对其他人产生巨大的引力,使得他们不能自由;而且越接近黑洞的时空越扭曲,在那里的人们越被吸引,越不自由。进宫之前还唱着“红尘做伴活得潇潇洒洒,策马奔腾共享人世繁华”,然而一旦进了宫,便只能一生命运围绕着黑洞内卷。

前面说到的财富的随机转移,是在为最稀缺、最贫穷的人们反内卷。卡理斯玛的悄然离去,是另一极的反内卷。

历史会记得我们

内卷的人有一种苍白无力感。

这种苍白无力感是历史感的苍白无力，是人生的不能承受之轻。对于没有来世信仰的普通中国人，“留取丹心照汗青”是一贯的人生理想，但是内卷使它更加遥不可及。尽管如此，人们拼命地去内卷，除了想过上更好的生活，也是在暗自希望这个世界会因我而不同，历史会为我留下一笔。

*

乔治·奥威尔的小说《1984》中，主人公在日记本上写道：“致将来或过去，致一个思想自由、人们彼此不同且不再孤单的时代，致一个存在真理、做过的事无法被抹去的时代：从一个千人一面的时代、孤独的时代、老大哥的时代、双向思维的时代，向彼时致以问候！”[167]

人类历史上有数不清的事情被故意抹去了。即使是后世赞誉有加的唐宗宋祖也都有掩盖事实的倾向。“例如，我们看到官方记录怎样歪曲了太宗在创业中的作用和隐瞒导致玄武门政变的事实。”[168]即使仅从统计学的意义上理解，这样的涂抹历史也是严重影响人类进步的障碍。因为人类历史由此变成了统计学上的删失数据（censored data），这种数据的不完全徒然增加了日后分析推断、学习规律的难度。censor这个词也正是出版的时候审查的意思。前事不忘，后事之师。个人荣辱事小，人类进步事大。当数据完整的时候，历史自有公论。为了人类可以更快、更好地进步，有必要尽可能完整地把人类的一切实践活动的记录保存下去。

区块链和它后续的技术有可能为此提供一个技术解。简单来说，区块链是一个分布式的共享账本和数据库，具有去中心化、不可篡改、全程留痕、可以追溯、集体维护、公开透明等特点。区块链的发明至今才不过十年，技术在未来还会有长足的发展。

在我看来，区块链技术最重要的意义是它也许可以在技术上保证一件最重要的事情：历史不会忘记。目前的共识机制可能还不能防止如果某位老大哥垄断了算力的情况发生，我期待会有新的数学来解决这些问题。即使不能把所有的数据上链，也可以通过合理的统计抽样方法记录下足够基本反映全貌的数据。后世的人们可以比较完整、全面地了解到之前的人们做过什么、试过什么。历史不再仅由胜者书写，它就在那个去中心化、不可篡改、公开透明的链上。

我甚至设想，也许在不久的将来就会看见这方面的试点项目。通过把网络公共空间里的内容经由完全随机的抽样、收藏、写入某个不可篡改的链上，可以为这个世界留下一份能比较充分地反映社会全貌的档案。被记录的会比任何的博物馆、档案馆、历史书的记载都更全面和公允。后人可以凭借这份档案更好地还原我们现在的时刻，更好地理解我们这一代人的命运。

有些人想通过删失数据，仅把自己对世界的认知的结论传下去。这样的做法一来不必要，二来不成立。他的结论可以算作是加工过的数据，与之相比，更重要的一定是原始数据，即一切在发生的事情。我们应该相信“也许下一代会比我们聪明一些”[169]，相信他们的推断和学习能力。我们这一代要做的只是把真实的历史、关于人类实践的完整的原始数据传下去，下一代的他们自然能比我们更好地从中分析提取出经验。这才是对子孙后代负责，对世界未来负责。

在区块链技术的加持下，历史不会忘记，人们不再有必要为了历史长河中的席位去内卷。我们每个人不论多渺小，都会被记得。

注释

1. 王芊霓、葛诗凡：《人类学家项飙谈内卷：一种不允许失败和退出的竞争》，澎湃新闻专访，2020 年 10 月 22 日。

2.[美] 黄宗智：《华北的小农经济与社会变迁》，第 1 版，北京：中华书局，2000 年。

3.[美] 杜赞奇：《文化、权力与国家：1900—1942 年的华北农村》，第 1 版，南京：江苏人民出版社，1996 年。

4.[美] 杜赞奇：《文化、权力与国家：1900—1942 年的华北农村》，第 1 版，南京：江苏人民出版社，1996 年。

5. 刘世定、邱泽奇：《"内卷化"概念辨析》，《社会学研究》，2004(5):96—110。

6. 刘世定、邱泽奇：《“内卷化”概念辨析》，《社会学研究》，2004(5):96—110。
7. 王芊霓、葛诗凡：《人类学家项飙谈内卷：一种不允许失败和退出的竞争》，澎湃新闻专访，2020 年 10 月 22 日。
8.[奥] 斯蒂芬 · 茨威格：《人类群星闪耀时》，姜乙译，第 1 版，上海：上海文艺出版社，2019 年。
9. 刘润：《刘润对话吴伯凡：2021，每个人都应该自我“升维”》
10.[美] 詹姆斯 · 马奇：《马奇论管理》，丁丹译，第 1 版，北京：东方出版社，2010 年。
11.[美] 丹尼尔 · 卡尼曼：《思考，快与慢》，胡晓姣、李爱民、何梦莹译，第 1 版，北京：中信出版社，2012 年。“为什么将两个系统命名为系统 1 和系统 2，而不是‘自主系统’和‘耗力系统’呢？原因很简单：说出‘自主系统’比说出‘系统 1’所需的时间长，因此会占用更多大脑工作记忆（短时记忆）的空间。这一点很重要，因为任何事物占用了大脑的工作记忆，都会削弱你的思考能力。你可以将‘系统 1’和‘系统 2’当作昵称，就像鲍勃和乔一样，用这种拟人的方式去了解本书中出现的各种角色。”
12.[奥] 阿尔弗雷德 · 阿德勒：《自卑与超越》，杨颖译，第 1 版，杭州：浙江文艺出版社，2016 年。
13. 钱穆：《阳明学述要》，第 1 版，北京：中国盲文出版社，2015 年。
14. 钱穆：《阳明学述要》，第 1 版，北京：中国盲文出版社，

2015 年。《传习录》中有言："爱因未会先生知行合一之训，与宗贤、惟贤往复辩论，未能决，以问于先生。先生曰：'试举看。'爱曰：'如今人尽有知得父当孝、兄当弟者，却不能孝、不能弟，便是知与行分明是两件。'先生曰：'此已被私欲隔断，不是知行的本体了。未有知而不行者；知而不行，只是未知。圣贤教人知行，正是要复那本体，不是着你只恁的便罢。故《大学》指个真知行与人看，说"如好好色，如恶恶臭"。见好色属知，好好色属行。只见那好色时已自好了，不是见了后又立个心去好；闻恶臭属知，恶恶臭属行，只闻那恶臭时已自恶了，不是闻了后别立个心去恶。如鼻塞人虽见恶臭在前，鼻中不曾闻得，便亦不甚恶，亦只是不曾知臭。就如称某人知孝，某人知弟，必是其人已曾行孝行弟，方可称他知孝知弟，不成只是晓得说些孝弟的话，便可称为知孝弟。又如知痛，必已自痛了方知痛；知寒，必已自寒了；知饥，必已自饥了。知行如何分得开？此便是知行的本体，不曾有私意隔断的。圣人教人必要是如此，方可谓之知。不然只是不曾知。此却是何等紧切着实的工夫！如今苦苦定要说知行做两个，是甚么意？某要说做一个，是甚么意？若不知立言宗旨，只管说一个、两个，亦有甚用？'"钱穆评价说："这是阳明论'知行和一'最剀切的一番话。"

15.[英]C.P. 斯诺：《两种文化》，纪树立译，第 1 版，北京：生活 · 读书 · 新知三联书店，1994 年。斯诺说文化分裂似乎在英国达到了最尖锐的程度，美国的文化分裂似乎就不是那么不可弥合。中国的分裂程度估计比美国严重。

16.[英]C.P. 斯诺：《两种文化》，纪树立译，第 1 版，北京：生活 · 读书 · 新知三联书店，1994 年。
17.[美] 玛莎 · 努斯鲍姆：《告别功利：人文教育忧思录》，肖聿译，第 1 版，北京：新华出版社，2010 年。
18.[美] 詹姆斯 · G. 马奇：《决策是如何产生的》，王元歌、章爱民译，第 1 版，北京：机械工业出版社，2007 年。
19.[美] 詹姆斯 · G. 马奇：《决策是如何产生的》，王元歌、章爱民译，第 1 版，北京：机械工业出版社，2007 年。
20.[美] 乔治 · 阿克洛夫、[美] 瑞秋 · 克兰顿：《身份经济学》，颜超凡、汪潇潇译，第 1 版，北京：中信出版社，2013 年。
21.[美] 詹姆斯 · G. 马奇：《决策是如何产生的》，王元歌、章爱民译，第 1 版，北京：机械工业出版社，2007 年。
22.[美] 詹姆斯 · 马奇：《马奇论管理》，丁丹译，第 1 版，北京：东方出版社，2010 年。
23.[美] 詹姆斯 · 马奇：《马奇论管理》，丁丹译，第 1 版，北京：东方出版社，2010 年。
24.[美] 詹姆斯 · 马奇：《马奇论管理》，丁丹译，第 1 版，北京：东方出版社，2010 年。
25.[德] 马克斯 · 韦伯：《新教伦理与资本主义精神》，马奇炎、陈婧译，第 1 版，北京：北京大学出版社，2012 年。
26.[日] 新渡户稻造：《武士道》，朱可人译，第 1 版，杭州：浙江文艺出版社，2016 年。
27. 辜鸿铭：《中国人的精神》，李静译，第 1 版，天津：天津人民出版社，2016 年。

28.[美] 詹姆斯 · G. 马奇：《决策是如何产生的》，王元歌、章爱民译，第 1 版，北京：机械工业出版社，2007 年。

29.[美] 詹姆斯 · G. 马奇、[美] 蒂里 · 韦尔：《论领导力》，张晓军、郑娴婧、席西民译，第 1 版，北京：机械工业出版社，2018 年。

30. 李零：《丧家狗：我读〈论语〉》，第 1 版，太原：山西人民出版社，2007 年。

31. 南怀瑾：《南怀瑾选集　第一卷》，第 1 版，上海：复旦大学出版社，2003 年。

32. 南怀瑾：《南怀瑾选集　第一卷》，第 1 版，上海：复旦大学出版社，2003 年。

33.[美] 詹姆斯 · G. 马奇：《决策是如何产生的》，王元歌、章爱民译，第 1 版，北京：机械工业出版社，2007 年。

34.[英] 克里斯托弗 · 戈托 – 琼斯：《牛津通识读本：现代日本》，顾馨媛译，第 1 版，南京：译林出版社，2014 年。

35.[日] 涩泽荣一：《论语与算盘》，余贝译，第 1 版，北京：九州出版社，2012 年。

36. 李零：《丧家狗：我读〈论语〉》，第 1 版，太原：山西人民出版社，2007 年。

37. 李零：《丧家狗：我读〈论语〉》，第 1 版，太原：山西人民出版社，2007 年。

38.[美] 约翰 · 刘易斯 · 加迪斯：《论大战略》，臧博、崔传刚译，第 1 版，北京：中信出版社，2019 年。
39.[美]李侃如：《治理中国：从革命到改革》，胡国成、赵梅译，第 1 版，北京：中国社会科学出版社，2010 年。
40.[英]克里斯托弗·戈托－琼斯：《牛津通识读本：现代日本》，顾馨媛译，第 1 版，南京：译林出版社，2014 年。
41. 黄徽：《了不起的学习者》，第 1 版，合肥：安徽教育出版社，2021 年。
42.[法]米歇尔·福柯：《规训与惩罚：修订译本》，刘北成、杨远婴译，第 4 版，北京：生活·读书·新知三联书店，2012 年。“总之，可以说，规训从它所控制的肉体中创造出四种个体，更确切地说是一种具有四种特点的个体：单元性（由空间分配方法所造成），有机性（通过对活动的编码），创生性（通过时间的积累），组合性（通过力量的组合）。而且，它还使用四种技术：制定图表；规定活动；实施操练；为了达到力量的组合而安排‘战术’。战术是一种建构艺术。它借助被定位的肉体，被编码的活动和训练有素的能力，建构各种机制。在这些机制中，各种力量因精心组合而产生更大的效果。”
43.[法]米歇尔·福柯：《规训与惩罚：修订译本》，刘北成、杨远婴译，第 4 版，北京：生活·读书·新知三联书店，2012 年。“一个训练有素的身体是任何姿势甚至最细小动作的运作条件。譬如，书写漂亮是以一种体操、一种习惯为前提的。这种习惯的严格符码支配着从脚尖到食指的整个身体。学生应该总是‘保持笔直的身体，稍稍向左自然地侧身前倾、肘部放在桌上，只要不遮住视线，可以用手支着下颌。在桌下，左腿应比右腿稍微靠前。在身体与桌子之间应有二指宽的距离。这不仅是为了书写更灵活，而且没有比养成腹部压着桌子的习惯更有害健康的了。左臂肘部以下应放在桌子上。右臂应与身体保持三指宽的距离，与桌子保持五指左右的距离，放在桌子上时动作要轻。教师应安排好学生写字时的姿势，使之保持不变，当学生改变姿势时应用信号或其他方法予以纠正'。一个被规训的肉体是一种有效率的姿势的前提条件。"

44.[法]米歇尔·福柯：《规训与惩罚：修订译本》，刘北成、杨远婴译，第4版，北京：生活·读书·新知三联书店，2012年。"时间表是一项古老的遗产。其严格的模式无疑是由修道会提供的。它很快就得到传播。它的三个主要方法——规定节奏、安排活动、调节重复周期——不久就出现在学校、工厂和医院中。""在小学里，时间的划分越来越精细，各种活动必须令行禁止，雷厉风行：'当时钟敲响一个小时的最后一下时，一个学生就开始敲钟。当第一声钟声响起时，全体学生就跪下，双手合十，眼睛低垂。念完祷词后，教师将发出一个信号，让学生站起来，第二个信号是让他们赞美基督，第三个信号是让他们坐下。'在19世纪初，有人建议'互教学校'使用下列时间表：8：45，班长进入，8：52，班长会，8：56，学生进入和祷告，9：00，学生就坐，9：04，听写第一块石块，9：08，听写结束，9：12，听写第二块石块，等等。"

45.[法]米歇尔·福柯：《规训与惩罚：修订译本》，刘北成、杨远婴译，第4版，北京：生活·读书·新知三联书店，2012年。

“1737 年的一项法令规定创办一所教授戈布兰工厂学徒画图的学校。其目的不是取代师傅对学徒的培训，而是补充完善这种培训。该校包括一项迥然不同的时间安排。除了星期天和宗教节日外，学生每天到校学习两个小时。根据墙上贴的名单进行点名。缺席者被记录在案。学校分成三个年级。一年级收对画图一窍不通的学生。根据学生的能力，让他们分别临摹难易不等的范图。二年级的学生是‘已经懂得某些原理的’或上完一年级的学生。他们在复制图样时只能‘看一眼，不能摹写’，想象着画图。三年级的学生学习上色和粉画，接触染色理论和实践。学生在每段时间里完成一项任务，写上名字和完成时间，交给教师，优秀作品受到奖励。年终将作品汇集起来加以比较，从而确定每个学生的进步、水平和名次。依此决定谁能升入下一年级。教师及其助手有一个总的记事本，逐日记录每个学生的表现和学校中发生的每一件事。这个记事本定期向一位视察员呈阅。戈布兰学校仅仅是下述重要现象的一个例子，即古典时期形成了一种新技术。这种新技术用于控制每个人的时间，调节时间、肉体和精力的关系，保证时段的积累，致力于利润的持续增长或最大限度地使用稍纵即逝的时间。我们怎样才能充分利用每个人的时间，通过每一个人，通过他们的肉体，通过他们的精力或能力，通过便于使用和控制的方式来积聚时间？我们怎样才能把有用的时间组织起来？纪律能够分解空间，打破和重新安排各种活动。它也应被理解为积累和使用时间的机制。”

46.[法] 米歇尔 · 福柯：《规训与惩罚：修订译本》，刘北成、杨远婴译，第 4 版，北京：生活 · 读书 · 新知三联书店，2012 年。“这种规训时期是逐渐地引入教育活动的：训练时期被划分出来，使之有别于成人时期和独立从业时期；设置不同的阶段，用等级考核来区分这些阶段；制定各个阶段的由简到难的教学大纲；根据每个人在这些系列中的进度评定他们。规训时期用复杂而循序渐进的系列取代了传统训练的入门时期（后者是一个完整的时期，完全受到师傅的控制，仅由一次考核加以认可）。一种完整的分解教育逐渐形成了。它是细致入微的（它把教学进程分解成最简单的元素，把每个发展阶段分解成小的步骤），它又是早熟的（它远远早于启蒙思想家的起源分析，而它在表面上是后者的一种技术性模式）。在 18 世纪初，德米亚（Demia）就建议把识字学习过程分成七个阶段。第一个阶段是学习字母，第二个阶段是学习拼音，第三个阶段是学习把音节组成词，第四个阶段是逐句地按照标点读拉丁文，第五个阶段是开始读法文，第六个阶段是流利地阅读，第七个阶段是读认手稿。”

47.[法] 米歇尔 · 福柯：《规训与惩罚：修订译本》，刘北成、杨远婴译，第 4 版，北京：生活 · 读书 · 新知三联书店，2012 年。

48.“人民日报”微信公众号：《周杰伦 PK 蔡徐坤，惊动 @ 人民日报》，2019 年 7 月 22 日。

49.[意] 玛利亚 · 蒙台梭利：《蒙台梭利早期教育法》，祝东平译，第 1 版，天津：天津社会科学院出版社，2010 年。

50. 黄徽：《治理的逻辑：事权与财权的分立》，第 1 版，北京：东方出版社，2019 年。

51.[德]雅斯贝尔斯：《什么是教育》，邹进译，第1版，北京：生活·读书·新知三联书店，1991年。
52.“合肥初二女生凌晨3点写完作业大哭，让人揪心！”，https://www.youtube.com/watch?v=M9Zw79jrUGo.
53. 科胡特（Heinz Kohut）的英文原文是“the most important source of a well-functioning psychological structure, however, is the personality of the parents, specifically their ability to respond to the child’s drive demands with non-hostile firmness and non-seductive affection… If a child is exposed chronically to immature, hostile, or seductive parental reactions toward his demands, then the resulting intense anxiety or over-stimulation leads to an impoverishment of the growing psyche, since too much of his drive equipment is repressed and thus cannot participate in psychic development”。Allen M. Siegel: *Heinz Kohut and the Psychology of the Self*, 1st edition, London: Routledge, 1996.
54. 这段话的中文版在网上流传甚广，在耶鲁大学前教授陈志武的微信朋友圈里亦有转载。但未能搜索到英文原文出处。
55. 陈志武：《陈志武金融通识课》，第1版，长沙：湖南文艺出版社，2018年。
56.[英]伯特兰·罗素：《教育与美好生活》，张鑫毅译，第1版，上海：上海人民出版社，2017年。

57.[英] 伯特兰 · 罗素：《教育与美好生活》，张鑫毅译，第 1 版，上海：上海人民出版社，2017 年。
58. 吴伯凡、梁冬：《欢喜》，第 1 版，北京：中信出版社，2012 年。
59.[美] 萨尔曼 · 可汗：《翻转课堂的可汗学院：互联时代的教育革命》，刘婧译，第 1 版，杭州：浙江人民出版社，2014 年。
60.[法] 米歇尔 · 福柯：《规训与惩罚：修订译本》，刘北成、杨远婴译，第 4 版，北京：生活 · 读书 · 新知三联书店，2012 年。
61. 黄徽：《有温度的资本论》，第 1 版，杭州：浙江大学出版社，2018 年。
62.[英] 马克 · 沃恩：《夏山学校的百年故事：献给当代的教师、校长和家长》，沈兰译，第 2 版，北京：教育科学出版社，2014 年。
63.[英] 马克 · 沃恩：《夏山学校的百年故事：献给当代的教师、校长和家长》，沈兰译，第 2 版，北京：教育科学出版社，2014 年。
64. 史称“小艾伯特实验”（Little Albert Experiment）。http://en.wikipedia.org/wiki/Little_Albert_experiment.
65. 郦波：《五百年来王阳明》，第 1 版，上海：上海人民出版社，2017 年。
66.[美] 霍华德 · 加德纳：《多元智能新视野》，沈致隆译，第 1 版，杭州：浙江人民出版社，2017 年。加德纳提出人有音乐、身体动觉、逻辑数学、语言、空间、人际、自我认知等方面的智能。
67.[意] 玛丽亚 · 蒙台梭利：《童年的秘密》，马荣根译，单中惠校，第 2 版，北京：人民教育出版社，2005 年。“在一个 15 个月大的小女孩身上，我第一次发现了这种敏感性。我听到她在花园里捧腹大笑，这对这么一个小孩来讲是很不寻常的。她独自走出去，坐在平台的砖头上，完全沉醉于一种活动中。附近一个种着天竺葵的美丽花坛在骄阳下显得十分艳丽，但这个小女孩并没有看着它们，而把眼睛盯在地上，那里显然没什么可看。我看到了儿童的一种奇特的兴趣，它是那么的不可捉摸。我慢慢地走近她，仔细地看着这些砖头，并没有看到任何特别的东西。但是，这个小女孩却用郑重其事的口气对我说：‘那里有一只小东西在动。’经她的指点，我看到了一只实际上跟砖块颜色一样微小得几乎看不出的昆虫正在迅速地跑动着。原来，激起这个小女孩捧腹大笑的是一个小生物，它会动，甚至会奔跑。她在欢乐的叫嚷声中迸发出一种好奇心，叫嚷声远远高过她平常的声音。这种欢乐并不来自太阳，也不来自花朵，也不来自艳丽的色彩。”

68. 鲁迅：《南腔北调集》，第 1 版，北京：人民文学出版社，2000 年。

69.[美] 艾莉森 · 高普尼克：《宝宝也是哲学家：学习与思考的惊奇发现》，杨彦捷译，第 1 版，杭州：浙江人民出版社，2014 年。

70.[英] 伯特兰 · 罗素：《教育与美好生活》，张鑫毅译，第 1 版，上海：上海人民出版社，2017 年。

71. 这种成人对孩子的随时打断的态度，广义上好像中央对地方、上级对下级的打断。周雪光：《中国国家治理的制度逻辑》，第 1 版，北京：生活 · 读书 · 新知三联书店，2017 年。“中央政府可以通过政治动员、人事变动、资源配置、项目安排等各种正式或非正式过程来影响地方政府的注意力，打断或重新安排下属政府工作的轻重缓急次序。……‘行政发包制’不足以在中央—地方关系间提供一个稳定的松散关联的运行机制，不足以在制度上保障各地因地制宜的灵活性；而更近似于实际运行中应对一统体制束缚的权宜之计，始终处在不断调整、时常被打断的动态过程中。”

72.[德]韩炳哲：《倦怠社会》，王一力译，第1版，北京：中信出版社，2019年。“在格言录‘行动者的主要缺陷’中尼采写道：‘行动者往往缺少更高等级的行动。……在这方面他们是惰性的。……行动者如同石头一样滚动，遵循愚蠢的机械法则。”

73.[德]韩炳哲：《倦怠社会》，王一力译，第1版，北京：中信出版社，2019年。“有两种不同形式的能力。积极的能力是去做某事。与之相反，消极的能力是不去做某事，按照尼采的说法，是说‘不’的能力。这种消极的能力有别于单纯的无能，即没有能力做某事。无能仅仅是积极能力的反面。它本身也是积极的，由于它和某件事物联结在一起，即它无法完成某事。消极的能力则超越了这种束缚于某件事物的积极性。它是一种不去做某事的能力。如果一个人缺少了消极的能力，那种不去感受某物的能力，而只有积极的能力，即感受的能力，那么感官将无助地面对汹涌而至、不由自主的刺激和冲动。‘精神性’（Geistigkeit）也完全不可能存在。如果一个人只拥有去做某事的能力，缺少不做某事的能力，那么他将陷入致命的过度活跃之中。如果一个人只有去思考的能力，那么思想将迷失在一系列无止境的对象中。”

74.[美]朱迪斯·哈里斯：《教养的迷思：父母的教养方式能否

决定孩子的人格发展》，张庆宗译，第 1 版，上海：上海译文出版社，2015 年。“另一个被医生渲染的想法，就是害怕如果不用特殊的装置使小孩的脊背挺直的话，小孩子就会变成驼背。一位生活在 19 世纪的德国妇女，描述了驼背恐惧症是怎样在她的母亲和朋友的母亲中间蔓延。‘虽然我们的背都很直，没有什么毛病，但这并没有让我们的母亲放心下来……我的女同学一个接一个地在家里穿上特制的衣服，晚上睡觉时，被皮带固定在整形床上……’”

75. 刘建鸿：《能不能用物质奖励孩子？》，《财新周刊》，2016（30）：10—11。

76.[美]马克·吐温：《汤姆·索亚历险记》，雷晓红、于晓光译，第 1 版，合肥：安徽文艺出版社，1999 年。

77. 马克思、恩格斯：《马克思恩格斯选集　第一卷》，中共中央马克思恩格斯列宁斯大林著作编译局编译，第 3 版，北京：人民出版社，2012 年。

78.[美]费正清、[美]费维恺：《剑桥中华民国史》，刘敬坤译，第 1 版，北京：中国社会科学出版社，1994 年。

79.[美]彼得·德鲁克：《21 世纪的管理挑战》，朱雁斌译，第 1 版，北京：机械工业出版社，2009 年。

80.[美]彼得·德鲁克：《21 世纪的管理挑战》，朱雁斌译，第 1 版，北京：机械工业出版社，2009 年。

81.[英]马歇尔：《经济学原理》，朱志泰译，第 1 版，北京：商务印书馆，1964 年。

82.[奥]路德维希·冯·米塞斯:《人的行为》,夏道平译,第1版,上海:上海社会科学院出版社,2015年。

83. 马克思、恩格斯:《马克思恩格斯选集　第一卷》,中共中央马克思恩格斯列宁斯大林著作编译局编译,第3版,北京:人民出版社,2012年。

84. 马克思、恩格斯:《马克思恩格斯选集　第一卷》,中共中央马克思恩格斯列宁斯大林著作编译局编译,第3版,北京:人民出版社,2012年。

85.Barone G, Mocetti S: "Intergenerational mobility in the very long run: Florence 1427-2011", *The Review of Economic Studies,* 2021(7), 88(4): 1863-1891.

86.Scheidel W: *The great leveler: Violence and the history of inequality from the stone age to the twenty-first century*, Princeton: Princeton University Press, 2017.

87.[法]托克维尔:《论美国的民主》,董果良译,第1版,北京:商务印书馆,1988年。

88.[英]弗雷德里希· 奥古斯特·冯·哈耶克:《自由宪章》,杨玉生、冯兴元、陈茅等译,第1版,北京:中国社会科学出版社,2012年。

89.[美]加里·斯坦利·贝克尔:《家庭论》,王献生、王宇译,第1版,北京:商务印书馆,2011年。

90.[美]罗伯特·诺齐克:《经过省察的人生 : 哲学沉思录》,严忠志、欧阳亚丽译,第1版,北京:商务印书馆,2007年。

91.[法]托马斯·皮凯蒂：《21世纪资本论》，巴曙松等译，第1版，北京：中信出版社，2014年。
92.[英]罗素：《西方哲学史》，何兆武、李约瑟译，第1版，北京：商务印书馆，1976年。
93.[英]马歇尔：《经济学原理》，朱志泰译，第1版，北京：商务印书馆，1964年。
94.原文及模拟程序源码参见 http://www.decisionsciencenews. com/2017/06/19/counterintuitive-problem-everyone-room-keeps-giving-dollars-random-others-youll-never-guess-happens-next/。中文请参考知乎问题“房间内100个人，每人有100块，每分钟随机给另一个人1块，最后这个房间内的财富分布是怎样的？”。
95.[日]矢野和男：《人生新算法：用人工智能解读时间、幸运与财富》，范欣欣译，第1版，南昌：江西人民出版社，2018年。这位日本作者对此的解释是所谓“反复之力”，大意是反复移动的统计力量。
96.[美]佩尔西·戴康尼斯、[美]布赖恩·斯科姆斯：《10堂极简概率课》，胡小锐译，第1版，北京：中信出版社，2019年。
97.Dragulescu A, Yakovenko V M: “Statistical mechanics of money”, *The European Physical Journal B—Condensed Matter and Complex Systems*, 2000,17(4): 723-729.
98.黄徽：《治理的逻辑：事权与财权的分立》，第1版，北京：

东方出版社，2019 年。

99. 转移概率也可以是动态变化的，就好像现在的美国联邦基金利率一样由中央银行决定，但应该有个范围，比如不得超过 2%。

100.[英] 大卫 · 李嘉图：《政治经济学及赋税原理》，郭大力、王亚南译，第 1 版，南京：译林出版社，2011 年。

101.[美] 塞德希尔 · 穆来纳森、[美] 埃尔德 · 沙菲尔：《稀缺：我们是如何陷入贫穷和忙碌的》，魏巍、龙志勇译，第 1 版，杭州：浙江人民出版社，2014 年。“带宽就是心智的容量，包括两种能力，分别为认知能力和执行控制力。稀缺会降低所有这些带宽的容量，致使我们缺乏洞察力和前瞻性，还会减弱我们的执行控制力。”

102.[美] 保罗 · 萨缪尔森、[美] 威廉 · 诺德豪斯：《经济学（第 19 版）》，萧琛主译，第 1 版，北京：商务印书馆，2014 年。“通货膨胀对再分配的作用主要通过影响人们手中财富的实际价值来实现。一般说来，不可预期的通货膨胀会将财富从债权人手中再分配给债务人，也就是说，通货膨胀往往有利于债务人而有害于债权人。而不可预期的通货紧缩则具有相反的效应。但在更多时候，通货膨胀只是将收入和资产搅和在一起，随机地将财富在全体居民中进行重新分配，而不会只冲击某些单个群体。”通货膨胀是一种货币现象。在未来的数字程序货币系统中，或许我们可以停止不断印钞的举措，回到某种类似金本位制的本位制，控制住通货膨胀。

103. 陈志武教授写道：“央行政策干预市场不是没有代价的。比如政府救市就是拿公民的钱去救股市参与者，降息使股市涨，给有股票的人送钱，而没有金融资产的人享受不到好处。大家总抱怨贫富差距扩大，但不去想：正因为有了央行，有了现代政府，历史上帮助降低贫富差距的金融危机和股市大跌都因为政府干预不能再持续了，频繁干预的结果使金融资产持有者难以有持续损失。就这样，80 年代以来贫富差距不断扩大，想缩小也难。”AsiaGlobal Online，“Interest rate cuts to fight coronavirus impact will worsen inequality”, 2020-03-12.

104.[比利时] 达维德 · 范雷布鲁克：《反对选举》，甘欢译，第 1 版，北京：社会科学文献出版社，2018 年。

105.[比利时] 达维德 · 范雷布鲁克：《反对选举》，甘欢译，第 1 版，北京：社会科学文献出版社，2018 年。

106. 阿加莎 · 克里斯蒂的《东方快车谋杀案》中的 12 个人，即使充满正义感，也并不是如书中的上校所期望的是一个合理的陪审团，因为这些人选的产生过程明显是有失偏颇的。

107.[法] 托克维尔：《论美国的民主》，董果良译，第 1 版，北京：商务印书馆，2017 年。

108.Sandel M J: *The tyranny of merit: What’s become of the common good*, New York: Penguin Random House, 2020.

109.TED: “The tyranny of merit | Michael Sandel”, https://www.youtube.com/watch?v=Qewckuxa9hw.

110. [美] 迈克尔 · 刘易斯：《说谎者的扑克牌（典藏版）》，孙忠译，第 1 版，北京：中信出版社，2009 年。

111.[美]伊恩·古德费洛、[加]约书亚·本吉奥、[加]亚伦·库维尔：《深度学习》，赵申剑等译，第1版，北京：人民邮电出版社，2017年。

112. 损失函数从数学上讲是非凸的。

113.[英]亚当·斯密：《道德情操论》，王秀莉译，第1版，上海：上海三联书店，2011年。“可以把正义准则比作语法规则，有关其他美德的准则可以比作评论家们鉴定文学作品是否杰出或优秀时订立的准则。前者是一丝不苟的、精确的、不可缺少的，后者是不严谨的、含糊不清的、不明确的，而且告诉我们的与其说是如何尽善尽美的绝对无疑的指导，还不如说是有关我们应该希望接近完美的一般设想。一个人可以根据绝对可靠的语法规则来写作，因而，或许他可以学会公正行事。但是，却没有任何一种准则能绝对可靠地引导我们写出杰出或优秀的文学作品来，尽管有些文学评判准则可以在某种程度上帮助我们纠正和弄清楚我们对完美抱有的其他一些模糊想法。同样，虽然某些准则能帮助我们在某些方面纠正和弄清楚我们对美德可能抱有的一些不完善的想法，但却没有任何一种准则可以绝对无误地来教会我们在一切场合谨慎、非常宽宏大量或十分仁慈地行动。”

114. 黄徽：《有温度的资本论》，第1版，杭州：浙江大学出版社，2018年。

115. 数学家高斯是对人类理解正态分布贡献最大的人。正态分布又称高斯分布。

116.[意]G. 萨托利：《政党与政党体制》，王明进译，第1版，北京：商务印书馆，2006 年。
117.[意]G. 萨托利：《政党与政党体制》，王明进译，第 1 版，北京：商务印书馆，2006 年。休谟、麦迪逊、华盛顿、杰斐逊都对政党充满警惕。“宪政多元主义比政党多元主义要早得多……就宪政而言，一个政体不仅能而且应该分成不同的部分，但是这一类比或原则并不是说那些部分就是政党。……政党获得公法地位只是在第二次世界大战之后，并且那时只出现在极少数的宪法中。”
118. 李立：《腾讯产品法》，第 1 版，杭州：浙江大学出版社，2018 年。
119.[美] 克莱 · 舍基：《认知盈余：自由时间的力量》，胡泳、哈丽丝译，第 1 版，北京：中国人民大学出版社，2011 年。
120.[德] 马克斯 · 韦伯：《经济与社会　第一卷》，阎克文译，第 1 版，上海：上海人民出版社，2010 年。
121.[英] 马歇尔：《经济学原理》，朱志泰译，第 1 版，北京：商务印书馆，1964 年。
122.[美] 约瑟夫 · 熊彼特：《资本主义、社会主义与民主》，吴良健译，第 1 版，北京：商务印书馆，1999 年。
123. 黄徽：《有温度的资本论》，第 1 版，杭州：浙江大学出版社，2018 年。“我的猜想是，获得资本支持的企业家和项目在创造性破坏过程中创造了新的生产要素组合，却只占整体经济的小部分。循环流转的经济生活不需要新的外部资本，也几乎没有新的增长，因此拉低了经济增长率 g。前面讲过，工业革命以来的历史阶段正处于技术力增长的 S 曲线刚开始翘起来的阶段。新的生产要素组合，尤其以机械力和人工智能替代人力的，和资本形成了双向选择的正反馈过程。资本青睐优秀的新的生产要素组合，而资本的助力又如洪水般助推对传统壁垒的颠覆，一旦决堤就一泻千里。因此获得资本支持的项目经由资本和项目双方的双向选择，平均来说可以取得相对更高的收益，也就是 r>g。”

124.[美]詹姆斯·G. 马奇：《决策是如何产生的》，王元歌、章爱民译，第 1 版，北京：机械工业出版社，2007 年。

125.[美]李侃如：《治理中国：从革命到改革》，胡国成、赵梅译，第 1 版，北京：中国社会科学出版社，2010 年。“结果就造成了一个被迫在缺乏可靠信息的状况下运作的机制。这种体制非常适合于命令下达，却对资讯上传这种良性流动的必要性缺乏敏感。中央多次想要推动一件事，却缺乏所需的资料来进行精心协调和决策。中国为此付出了巨大的代价。”

126. 残差网络在 2015 年由何恺明、孙剑等学者提出，是深度学习发展历史上的一个里程碑，它解决了深层网络训练的问题，甫一提出便大幅度地提高了图形处理中的准确率。2015 年提出的 ResNet 多达 152 层，而之前 2014 年的 VGG（Visual Geometry Group）只有 19 层。Kaiming He, Xiangyu Zhang, Shaoqing Ren, Jian Sun: “Deep residual learning for image recognition”, The IEEE Conference on Computer Vision and Pattern Recognition (CVPR), 2016: 770–778.

127. 明朝的锦衣卫和传说由雍正设立的粘杆处都可以理解为从上

而下获取信息的管道。

128. 短路机制等只是在改良层级制，而不是像有些人提出的试图消灭层级制。层级制恐怕不那么容易被消灭，参考［美］哈罗德·J. 莱维特:《自上而下: 永恒的层级管理》，李维安、周建译，第 1 版，北京：商务印书馆，2006 年。

129.［美］克莱·舍基：《人人时代：无组织的组织力量》，胡泳、沈满琳译，第 1 版，北京：中国人民大学出版社，2012 年。“在管理文化的创始时期，层级系统设计的一个本质要点就是限制信息沟通，使之仅能在相邻层级间流动。”

130.［美］奥利弗·哈特：《不完全合同、产权和企业理论》，费方域、蒋士成译，第 1 版，上海：格致出版社 / 上海三联书店 / 上海人民出版社，2011 年。

131.［美］奥利弗·哈特:《不完全合同、产权和企业理论》，费方域、蒋士成译，第 1 版，上海：格致出版社 / 上海三联书店 / 上海人民出版社，2011 年。

132. 周雪光：《中国国家治理的逻辑》，第 1 版，北京：生活·读书·新知三联书店，2017 年。“过去 25 年来经济学组织理论的发展特别是不完全契约理论的一个着眼点，是经济活动者之间的产权分配及相关问题（Grossman and Hart 1986，Hart and Moore 1988，Hart 1995）。这一思路的前提假设是，在现实生活中，任何契约都无法将组织间或组织内部（如雇主与员工间）关系的诸多可能性全部考虑在内。由于无法制定完备契约（complete contract），资产的使用不能在事先完全确定，因此任何谈判达成的契约通常都由资产所有者持有剩余控制权（residual right of control），即所有权者占有和控制契约规定之外所剩余的资产使用权。在这一分析框架中，一个企业即是一组资产的集合，而资产所有者拥有这些资产的剩余控制权。据此，新产权理论提出一个核心观点：‘资产的所有权结构对谈判结果以及激励机制有着重要影响’（Holmstrom and Roberts 1998）。不完全契约理论中的产权概念与传统经济学的产权理论有着重要不同。在这里，产权不是指收入或其他资产的剩余索取权，而是指资产使用的剩余控制权。”

133. 陈志武：《陈志武金融通识课》，第 1 版，长沙：湖南文艺出版社，2018 年。“一些公司法学者喜欢把‘现代公司’定义为‘一堆法律契约的组合体’，意思是公司完全是人造的组织，是靠法律文件构建的利益关系组合，包括股东与股东、公司与管理团队、公司与员工、公司与供应商、公司与服务商、公司与政府、公司与客户等之间的利益关系。”

134. 周雪光：《中国国家治理的逻辑》，第 1 版，北京：生活 · 读书 · 新知三联书店，2017 年。“这一新的产权视角引导我们关注产权分配蕴含的权威关系和相应的组织边界，即在什么条件下经济活动应该在组织内部进行或者应该放在市场交易中进行。以雇佣关系和承包制这两种不同治理形式为例。在雇佣关系模式中，委托方通过科层结构控制着政策制定和执行过程。这意味着，委托方控制了各种权力，包括组织生产、激励设计、绩效评估等诸多权力。但在‘发包制’的模式中，委托方将一些特定政策目标

（如经济增长速度、污染减排量）承包给外包商（或者下属管理方），要求他们如期按约‘交货’，即完成契约规定的政策目标；与此同时，委托方将相应的剩余控制权赋予承包商，即后者有权决定契约实施的组织工作、资源分配、激励设计等等。这意味着，承包商在契约明确规定的条款之外对其‘资产’拥有剩余控制权，即拥有管辖区域内实施过程中的实际权威。这一理论思路可以应用于分析政府内部的权威关系。在这一分析框架中，产权被界定为对契约明确规定之外的资产（或其他组织活动）的控制权。在以上三级政府模型中，委托方、管理方和代理方三者之间的关系因为控制权分配的不同而变化。”周雪光教授的三级政府模型是：“在这个组织背景上，我们可以将中国政府的三级层次（如中央政府—中间政府—基层政府）放入这个模型，即中央政府（委托方）拥有政策制定和组织设计的最终权威，包括激励设置、绩效评估等权力；而基层政府（代理方）如乡镇政府、街道、职能部门有责任执行和落实自上而下的指令和政策。在这一结构中，中央政府将部分权威授予中间政府（管理方）如省政府、市政府或上级职能部门，使其承担起监管职责，督促管理下属基层政府有效地执行中央政策。”

135. 周雪光：《中国国家治理的逻辑》，第 1 版，北京：生活 · 读书 · 新知三联书店，2017 年。高度关联型、发包制、松散关联型、联邦制等国家治理模式的差异都可以从控制权类别的角度来理解。

136.[美]约瑟夫 · 熊彼特：《经济发展理论：对于利润、资本、信贷、利息和经济周期的考察》，何畏、易家详等译，第 1 版，北京：商务印书馆，1990 年。

137. 黄徽：《有温度的资本论》，第 1 版，杭州：浙江大学出版社，2018 年。“这里其实有一个问题：服务谁呢？看起来答案很显然，顾客呀。实际上不仅如此，大前研一指出还有顾客的顾客。除了顾客和顾客的顾客，当然还可能有顾客的顾客的顾客……取极限，可以说是服务人民吧。”

138. 马克思、恩格斯：《马克思恩格斯选集　第一卷》，中共中央马克思恩格斯列宁斯大林著作编译局编译，第 3 版，北京：人民出版社，2012 年。

139.［德］马克斯 · 韦伯：《学术与政治》，冯克利译，第 4 版，北京：生活 · 读书 · 新知三联书店，2016 年。

140.［德］马克斯 · 韦伯：《经济与社会　第二卷　上册》，阎克文译，第 1 版，上海：上海人民出版社，2010 年。

141. 周雪光：《中国国家治理的逻辑》，第 1 版，北京：生活 · 读书 · 新知三联书店，2017 年。“韦伯（2004b）针对中国历史上皇权与官僚权力两种权力共生的特点，将其支配形式称为‘家产官僚制’并详加讨论。当代学术界认同这一思路，将之具体表述为‘君主官僚制’（孔飞力 1999［1990］）。在这一支配形式中，皇权与官僚权力双重权力并存治国，其中皇权或君权是最高权力；而官僚体制为皇权提供了组织基础和治理工具。”

142. 周雪光：《中国国家治理的逻辑》，第 1 版，北京：生活 · 读书 · 新知三联书店，2017 年。

143.[美]孔飞力：《叫魂：1768年中国妖术大恐慌》，陈兼、刘昶译，第1版，上海：上海三联书店，2014年。
144.[德]马克斯·韦伯：《经济与社会　第二卷　下册》，阎克文译，第1版，上海：上海人民出版社，2010年。
145.[德]马克斯·韦伯：《学术与政治》，冯克利译，第4版，北京：生活·读书·新知三联书店，2016年。
146.[德]马克斯·韦伯：《学术与政治》，冯克利译，第4版，北京：生活·读书·新知三联书店，2016年。
147.[德]马克斯·韦伯：《经济与社会　第二卷　下册》，阎克文译，第1版，上海：上海人民出版社，2010年。
148.[德]马克斯·韦伯：《经济与社会　第二卷　下册》，阎克文译，第1版，上海：上海人民出版社，2010年。
149.[德]马克斯·韦伯：《经济与社会　第二卷　下册》，阎克文译，第1版，上海：上海人民出版社，2010年。“一旦确立了这样的信仰，即超凡魅力与血缘关系密不可分，那么超凡魅力的意义也就完全颠倒了。如果说一个人原来还要指望自身的作为获得贵族资格，现在则仅凭先祖的业绩就能使他的贵族资格具有正当性。因此，一个人成为罗马贵族的一员，并不是因为担任了一份高贵的官职，而是因为其祖先曾经担任过这样的官职，于是，以这种方式界定的官职贵族也就一心要垄断这些官职。真正的超凡魅力由此发生颠倒而走向它的反面，这在任何地方都是以同样模式出现的。纯正的美国人（清教徒）心态是推崇白手起家的人，把他看作超凡魅力的体现者，对于遗产继承人却不屑一顾，但我们已经亲眼看到，这种态度正在发生颠倒；今天受到重视的只是清教徒前辈移民、波卡 · 洪塔斯或纽约早期荷兰移民后裔的出身，或者公认为‘老’财主家族的成员身份。”遗产继承人可能在社会上有地位和吸引力，但是他们不是真正意义上的卡理斯玛。请注意我讨论的卡理斯玛应该比韦伯意义上的更窄。韦伯讲到的罗马贵族、美国“老钱”的继承人，以及有着“官职超凡魅力”的牧师，在我看来都不可和真正的卡理斯玛同日而语。

150.[德]马克斯 · 韦伯：《经济与社会　第二卷　下册》，阎克文译，第1版，上海：上海人民出版社，2010年。

151.[美]詹姆斯 · 马奇：《马奇论管理》，丁丹译，第1版，北京：东方出版社，2010年。

152.[德]马克斯 · 韦伯：《经济与社会　第二卷　下册》，阎克文译，第1版，上海：上海人民出版社，2010年。

153.[德]马克斯 · 韦伯：《经济与社会　第二卷　下册》，阎克文译，第1版，上海：上海人民出版社，2010年。“从这种纯粹经验的与价值中立的意义上说，超凡魅力的确是历史上特别富有创造性的革命力量。”

154. 周雪光：《中国国家治理的逻辑》，第1版，北京：生活 · 读书 · 新知三联书店，2017年。

155. 周雪光：《中国国家治理的逻辑》，第1版，北京：生活 · 读书 · 新知三联书店，2017年。

156.[美]伊恩 · 古德费洛、[加]约书亚 · 本吉奥、[加]亚伦 · 库维尔：《深度学习》，赵申剑等译，第1版，北京：人民邮电出版社，

2017 年。“反向传播这个术语经常被误解为用于多层神经网络的整个学习算法。实际上，反向传播仅指用于计算梯度的方法，而另一种算法，例如随机梯度下降，则使用该梯度来进行学习。”
157.[美]李侃如:《治理中国: 从革命到改革》，胡国成、赵梅译，第 1 版，北京：中国社会科学出版社，2010 年。
158. 参考 [美] 丹尼尔 · 列维汀：《一眼识破真相的思考力》，张建军译，第 1 版，北京：中信出版社，2018 年。
159.[美]詹姆斯 · 马奇:《经验的疆界》，丁丹译，第 1 版，北京:东方出版社，2011 年。
160.[美]詹姆斯 · 马奇:《经验的疆界》，丁丹译，第 1 版，北京:东方出版社，2011 年。
161.[德]弗里德里希 · 尼采：《偶像的黄昏或怎样用锤子从事哲学思考》，周国平译，第 1 版，北京：北京十月文艺出版社，2019 年。
162.[德]马克斯 · 韦伯：《经济与社会　第二卷　下册》，阎克文译，第 1 版，上海：上海人民出版社，2010 年。
163.[德]马克斯 · 韦伯：《经济与社会　第二卷　下册》，阎克文译，第 1 版，上海：上海人民出版社，2010 年。
164.[德]马克斯 · 韦伯：《经济与社会　第二卷　下册》，阎克文译，第 1 版，上海：上海人民出版社，2010 年。
165.[英]乔治 · 奥威尔:《1984》，韩阳、王喆译，第 1 版，武汉:华中科技大学出版社，2016 年。
166.[德]马克斯 · 韦伯：《经济与社会　第二卷　下册》，阎克文译，第 1 版，上海：上海人民出版社，2010 年。
167.[英]乔治·奥威尔：《1984》，韩阳、王喆译，第 1 版，武汉：华中科技大学出版社，2016 年。
168.[英]崔瑞德：《剑桥中国隋唐史：589—906 年》，中国社会科学院历史研究所，西方汉学研究课题组译，第 1 版，北京：中国社会科学出版社，1990 年。
169. 邓小平：《邓小平文选　第三卷》，第 1 版，北京：人民出版社，1993 年。